Birgit Lascho

Deutsch als Zweitsprache systematisch fördern

Training Wortschatz – Grammatik

Lehrplanbezogene Materialien
für einen integrativen Sprachunterricht

5./6. Klasse

Birgit Lascho arbeitet als Lehrkraft für die Fächer Deutsch, Geschichte, Sozialkunde sowie Englisch an einer hessischen Gesamtschule und sammelte umfangreiche Erfahrungen bei der Förderung von Lernenden im Bereich Deutsch als Zweitsprache.

Wir verwenden in unseren Werken eine genderneutrale Sprache, damit sich alle gleichermaßen angesprochen fühlen. Wenn keine neutrale Formulierung möglich ist, nennen wir die weibliche und die männliche Form. In Fällen, in denen wir aufgrund einer besseren Lesbarkeit nur ein Geschlecht nennen können, achten wir darauf, den unterschiedlichen Geschlechtsidentitäten gleichermaßen gerecht zu werden.

In diesem Werk sind nach dem MarkenG geschützte Marken und sonstige Kennzeichen für eine bessere Lesbarkeit nicht besonders kenntlich gemacht. Es kann also aus dem Fehlen eines entsprechenden Hinweises nicht geschlossen werden, dass es sich um einen freien Warennamen handelt.

8. Auflage 2025
© 2009 PERSEN Verlag, Hamburg

AAP Lehrerwelt GmbH
Veritaskai 3
21079 Hamburg
Telefon: +49 (0) 40325083-040
E-Mail: info@lehrerwelt.de
Geschäftsführung: Andrea Fischer, Sandra Saghbazarian
USt-ID: DE 173 77 61 42
Register: AG Hamburg HRB/126335
Alle Rechte vorbehalten.

Das Werk als Ganzes sowie in seinen Teilen unterliegt dem deutschen Urheberrecht. Die Erwerbenden einer Einzellizenz des Werkes sind berechtigt, das Werk als Ganzes oder in seinen Teilen für den eigenen Gebrauch und den Einsatz im eigenen Präsenz- wie auch dem Distanzunterricht zu nutzen. Produkte, die aufgrund ihres Bestimmungszweckes zur Vervielfältigung und Weitergabe zu Unterrichtszwecken gedacht sind (insbesondere Kopiervorlagen und Arbeitsblätter), dürfen zu Unterrichtszwecken vervielfältigt und weitergegeben werden.

Die Nutzung ist nur für den genannten Zweck gestattet, nicht jedoch für einen schulweiten Einsatz und Gebrauch, für die Weiterleitung an Dritte einschließlich weiterer Lehrkräfte, für die Veröffentlichung im Internet oder in (Schul-)Intranets oder einen weiteren kommerziellen Gebrauch. Mit dem Kauf einer Schullizenz ist die Schule berechtigt, die Inhalte durch alle Lehrkräfte des Kollegiums der erwerbenden Schule sowie durch die Schülerinnen und Schüler der Schule und deren Eltern zu nutzen.

Nicht erlaubt ist die Weiterleitung der Inhalte an Lehrkräfte, Schülerinnen und Schüler, Eltern, andere Personen, soziale Netzwerke, Downloaddienste oder Ähnliches außerhalb der eigenen Schule.

Eine über den genannten Zweck hinausgehende Nutzung bedarf in jedem Fall der vorherigen schriftlichen Zustimmung des Verlags. Sind Internetadressen in diesem Werk angegeben, wurden diese vom Verlag sorgfältig geprüft. Da wir auf die externen Seiten weder inhaltliche noch gestalterische Einflussmöglichkeiten haben, können wir nicht garantieren, dass die Inhalte zu einem späteren Zeitpunkt noch dieselben sind wie zum Zeitpunkt der Drucklegung. Der PERSEN Verlag übernimmt deshalb keine Gewähr für die Aktualität und den Inhalt dieser Internetseiten oder solcher, die mit ihnen verlinkt sind, und schließt jegliche Haftung aus.

Die automatisierte Analyse des Werkes, um daraus Informationen insbesondere über Muster, Trends und Korrelationen gemäß § 44b UrhG („Text und Data Mining") zu gewinnen, ist untersagt.

Autorschaft:	Birgit Lascho
Covergestaltung:	TSA&B Werbeagentur GmbH, Hamburg
Illustrationen:	MouseDesign Medien AG, Zeven
Satz:	MouseDesign Medien AG, Zeven
Druck und Bindung:	PMLS GmbH & Co. KG, Kassel

ISBN/Bestellnummer: 978-3-8344-3352-7
www.persen.de

Inhalt

Einführung 6

Übersicht
Welches grammatische Thema kann mit welcher Aufsatzform kombiniert werden? 8

Baustein I:
Sprachlicher Ausdruck

Erzählen
Verben der Vorwärtsbewegung / AB 1 und 2 10
Verben des Sagens / AB 3 und 4 12
Wörter zum Ausdruck zeitlicher Handlungsabfolgen / AB 5 und 6 14
Spannungssteigernde Ausdrücke / AB 7 16

Beschreiben und Berichten
Adjektive und Wortbausteine zur Personenbeschreibung / AB 1 bis 5 17
Wortbausteine zur Tierbeschreibung / AB 6 und 7 22
Verben zur Wegbeschreibung / AB 8 und 9 24
Präpositionen für Ortsangaben bei Bildbeschreibungen und Berichten / AB 10 26
Präpositionen für Ortsangaben bei Wegbeschreibungen / AB 11 bis 13 27

Argumentieren
Sprachliche Wendungen zur Einleitung der Meinungsäußerung / AB 1 30
Sprachliche Wendungen zum Verknüpfen der einzelnen Bausteine
einer Argumentationskette / AB 2 31
Sprachliche Wendungen zur Formulierung von Schlussfolgerungen / AB 3 32
Sprachliche Wendungen zum Ausdruck gegensätzlicher Meinungen / AB 4 33

Baustein II:
Training grammatischer Grundfertigkeiten

Lernausgangstest Grammatik
Was kannst du schon und wo hast du noch Übungsbedarf? 35
Anleitung zur Kontrolle und Auswertung: Wie gut bin ich in Grammatik? 39
Leistungstabelle: Das kann ich schon 40

Methodentraining:
Umgang mit dem Wörterbuch – Hilfe bei grammatischen Fragen 41

Liste ausgewählter unregelmäßiger Verben 43–47

Inhalt

Deklinieren
Den richtigen Artikel finden / AB 1 und 2 48
Den richtigen Plural finden / AB 3 bis 5 50
Artikel mit Nomen / AB 6 bis 9 53
Artikel, Adjektiv und Nomen / AB 10 bis 13 57
Nomen und Possessivpronomen / AB 14 und 15 61
Possessivpronomen, Adjektiv und Nomen / AB 16 und 17 63
Nomen und Demonstrativpronomen / AB 18 und 19 65
Demonstrativpronomen, Adjektiv und Nomen / AB 20 und 21 67

Unregelmäßige Verben konjugieren
Das Präsens unregelmäßiger Verben / AB 1 bis 4 69
Das Präteritum unregelmäßiger Verben / AB 5 bis 9 73
Das Perfekt unregelmäßiger Verben / AB 10 79
Das Plusquamperfekt unregelmäßiger Verben / AB 11 bis 15 80

Abschlusstest Grammatik
Was hast du dazugelernt und was musst du noch weiter üben? 85
Anleitung zur Kontrolle und Auswertung:
Was hast du dazugelernt – was musst du noch weiter üben? 90
Leistungstabelle: Das kann ich schon 91

Anhang
Lösungen 93–123
Literatur 124

Einführung

Aufgrund der zunehmenden weltweiten Wanderungsbewegungen haben es Lehrkräfte in den Schulen und damit auch im Deutschunterricht verstärkt mit Lernenden mit Migrationshintergrund zu tun, die Deutsch als Zweitsprache sprechen. Obwohl die Mehrheit dieser Lernenden in der Regel schon die Grundschule komplett in Deutschland besucht hat, lassen sich bei vielen von ihnen auch in der Sekundarstufe I oft noch spezielle sprachliche und grammatische Probleme bei der Verwendung der deutschen Sprache feststellen. So haben Lernende mit Deutsch als Zweitsprache (abgekürzt DaZ) oft Probleme bei der Artikelverwendung und Pluralbildung, machen bei vielen Endungen, insbesondere von Pronomen und Adjektiven sowie daraus auftretenden Kombinationen, mehr Fehler als die übrigen Lernenden. Zudem haben Lernende mit DaZ Schwierigkeiten bei der Bildung von unregelmäßigen Verbformen und vor allem beim korrekten Gebrauch von Präpositionen sowie bei der Verwendung von Konjunktionen. Bedingt sind diese Schwierigkeiten dadurch, dass Lernende mit DaZ die deutsche Sprache im Zuge des ungesteuerten Spracherwerbs erworben haben, also nebenbei in der Alltagskommunikation ohne jegliche Systematik. Deshalb fehlt Lernenden mit DaZ oft die Einsicht in bestimmte grammatische Strukturen und Regularitäten der deutschen Sprache und sie machen in diesem Bereich besonders viele Fehler. Dazu kommen oft Probleme bei der Ausdrucksfähigkeit und Sprachverwendung, insbesondere bei der Schriftsprache, die zum Teil vom mündlichen Sprachgebrauch differiert. Denn Lernende mit DaZ verfügen häufig in bestimmten Bereichen nur über einen begrenzten Wortschatz, sodass ihnen das notwendige Vokabular zum präzisen Ausdruck fehlt. Zudem wissen sie oft nicht, in welchen sprachlichen und situativen Zusammenhängen bestimmte Wörter gebraucht werden, sodass Sätze missverständlich werden. Folglich ist eine Förderung in diesen Bereichen auch in der Sekundarstufe I notwendig, da Sprache als Schlüssel zur Integration anzusehen ist.

Von daher werden auch die weiterführenden Schulen und deren Lehrkräfte im Zuge der Etablierung der Bildungsstandards verstärkt in die Pflicht genommen, Lernende mit DaZ zu fördern, damit diese die Anforderungen der Bildungsstandards am Ende der Schullaufbahn erfüllen können. Darauf fußend setzen die Bundesländer zunehmend auf die Förderung von Lernenden mit DaZ und geben entsprechende Fördererlasse heraus, wie zum Beispiel Hessen, wo Lehrkräfte jetzt individuelle Förderpläne für versetzungsgefährdete Schüler und Schülerinnen verfassen müssen und zur binnendifferenzierten Förderung im regulären Unterricht verpflichtet werden, die neben der Sprachförderung in speziellen Zusatzkursen an Bedeutung gewinnt.

Zudem werden Lehrkräfte auch hin und wieder von Lernenden selbst oder deren Eltern gefragt, welche Maßnahmen sie ergreifen können, um die sprachliche Ausdrucksfähigkeit zu verbessern und die Anzahl der grammatischen Fehler zu senken. Deshalb sind Lehrkräfte in diesem Bereich zunehmend gefordert. Doch leider gibt es für dieses spezielle Gebiet bisher wenig Unterrichtsmaterialien, denn die meisten Materialien sind für Lernende mit Deutsch als Fremdsprache gedacht. Diese erwerben Deutsch jedoch systematisch als Fremdsprache und nicht auf ungesteuertem Weg wie Lernende mit DaZ, sodass die Materialien für Deutsch als Fremdsprache nicht auf die Bedürfnisse von Lernenden mit DaZ zugeschnitten sind.

Aus diesem Grund sollen mit den folgenden Kopiervorlagen Materialien vorgelegt werden, die besonders auf die Sprachförderung von Lernenden mit DaZ ausgerichtet sind und sich zudem speziell an den Inhalten des regulären Deutschunterrichts orientieren, um eine zielgerichtete Sprachförderung zu ermöglichen.

Einführung

Denn bei mir beschweren sich immer wieder Lernende mit DaZ, dass der zusätzlich in der Schule erteilte Förderunterricht für sie nicht sinnvoll ist, weil die dortigen Unterrichtsinhalte nichts mit dem regulären Unterricht zu tun hätten. Von daher kann die Ausrichtung von Fördermaterialien auf den regulären Deutschunterricht den Lernenden den Sinn für die Teilnahme am Förderunterricht einsichtiger machen und darüber hinaus der Lehrkraft eine binnendifferenzierte Förderung im regulären Deutschunterricht ermöglichen.

Die Kopiervorlagen sind sowohl zum Einsatz im zusätzlichen Förderunterricht gedacht als auch zur Verwendung im regulären Unterricht, wo sie im Rahmen von Binnendifferenzierung als zusätzliches Sprachfördermaterial eingesetzt werden können. Der Einsatz kann dabei in Freiarbeitsphasen während des Unterrichts geschehen oder aber auch, indem die Lehrkraft den betreffenden Lernenden mit DaZ entsprechende Übungsblätter zur Bearbeitung nach Hause mitgibt. Dabei können die Lösungsseiten im Anhang anschließend zur Selbstkontrolle, zur gegenseitigen Kontrolle in Partnerarbeit oder zur Kontrolle durch andere Personen genutzt werden, sodass die Lehrkraft hier eine Entlastung erfährt. Zudem eignen sich die Kopiervorlagen auch zur Verwendung für moderne Unterrichtsformen wie das Stationenlernen.

Auf jeden Fall kommt den Kopiervorlagen, egal wie sie eingesetzt werden, immer eine ergänzende Funktion im Förder- oder regulären Deutschunterricht zu. Dies sei betont. Denn die angebotenen Übungen zu speziellen sprachlichen und grammatischen Schwierigkeiten von Lernenden mit DaZ sollten nicht isoliert durchgeführt, sondern im Rahmen eines integrativen Unterrichtskonzepts mit den geforderten Inhalten des regulären Deutschunterrichts verknüpft werden. Ohne handlungsorientierte Anwendung beim Schreiben von entsprechenden Aufsatzformen werden die einzeln erworbenen sprachlichen oder grammatischen Fähigkeiten schwerlich automatisiert und damit für den zukünftigen Sprachgebrauch der Lernenden mit DaZ nutzbar gemacht.

Um die Kopiervorlagen zur Sprachförderung flexibel einsetzbar zu machen, wurde im Hinblick auf ihren inhaltlichen Aufbau das vorliegende Bausteinprinzip gewählt, bei dem die sprachlichen Aspekte, die Lernenden mit DaZ bei bestimmten Textsorten Probleme bereiten, von den grammatischen Phänomenen getrennt werden, die für die Lernenden mit DaZ besondere Schwierigkeiten darstellen. Denn auf diese Weise können die grammatischen Phänomene dort trainiert werden, wo sie in den Kontext passen. So kann zum Beispiel das Präteritum im Zusammenhang mit dem Themenkomplex „Erzählen", aber auch mit dem Themenkomplex „Berichten" geübt werden, wo es den entsprechenden sprachlichen Übungen, deren Themenbereiche sich auf die in den Lehrplänen der Bundesländer vorgeschriebenen Lehrinhalte beziehen, vor- oder nachgeschaltet werden kann. Auf diese Weise wird es für die Lernenden mit DaZ nachvollziehbarer, warum sie sich mit bestimmten grammatischen Phänomenen beschäftigen sollen. Denn der systematische Erwerb von bestimmten Grammatikphänomenen, mit denen Lernende mit DaZ besondere Schwierigkeiten haben, wird inzwischen als unverzichtbar zur Fehlervermeidung angesehen. Die den beiden Förderbausteinen vorangestellte Übersichtstabelle bietet den Lehrkräften einen Überblick darüber, welcher grammatische Förderschwerpunkt mit welchem sprachlichen Schwerpunkt verknüpft werden kann.

Einführung

Des Weiteren wird zu Beginn des Grammatik-Bausteins ein Lernausgangstest angeboten, mit dessen Hilfe ermittelt werden kann, wo die einzelnen Lernenden mit DaZ im Bereich Grammatik noch besondere Schwierigkeiten haben, sodass die Förderung im Bereich Grammatik gezielt dort ansetzen kann und die Zeit nicht für Inhalte verwendet wird, die die Lernenden bereits beherrschen. Dabei wird als Serviceleistung neben den Lösungen auch ein Einstufungsraster angeboten. Die Kontrolle und Auswertung des Tests kann durch die Lernenden selbst erfolgen, es ist jedoch durchaus sinnvoll, wenn die Lehrkraft selbst die Auswertung vornimmt, da sie so einen besseren Überblick über den Lernstand ihrer Lerngruppe gewinnen kann.

Außerdem wird zu Beginn des Grammatik-Bausteins noch ein Methodentraining zum Umgang mit dem Wörterbuch speziell im Hinblick auf die Klärung von grammatischen Unsicherheiten angeboten, um die Lernenden mit DaZ beim Umgang mit grammatischen Problemen so weit wie möglich zur Selbsthilfe zu befähigen. Als Wörterbuch wurde dabei der Duden zugrunde gelegt, die Ausführungen für die Schülerhand zum Umgang mit dem Wörterbuch berücksichtigen aber auch andere Werke, da nicht in allen Schulen der Duden verwendet wird, sondern zum Teil auch andere Wörterbücher oder gar spezielle Schulwörterbücher. Es ist jedoch darauf hinzuweisen, dass der Duden nicht nur ausgewählt wurde, weil er so bekannt ist, sondern auch, weil er gegenüber anderen Wörterbüchern oder auch speziellen Schulwörterbüchern besondere Vorteile bietet für Lernende mit DaZ. So werden bei den Substantiven im Duden nicht nur die dazugehörigen Artikel angegeben, sondern zusätzlich die Pluralformen sowie die Genitivformen. Außerdem werden bei den unregelmäßigen Verben die Stammformen mit angezeigt. Deshalb kommt der Duden den Bedürfnissen von Lernenden mit DaZ besonders entgegen, während viele andere Wörterbücher oder einige der speziellen Schulwörterbücher nur die Artikel angeben und auf alle anderen für Lernende mit DaZ hilfreichen Angaben verzichten. Folglich sollten die Lehrenden die Wörterbücher, die in der Schule benutzt werden, sorgsam im Hinblick auf diese Kriterien auswählen.

Ferner wird eine Liste ausgewählter unregelmäßiger Verben zum Nachschlagen und Auswendiglernen für die Schülerhand angeboten. Dabei wurden besonders häufig vorkommende unregelmäßige Verben berücksichtigt.

Daneben wird der Grammatik-Baustein durch einen Abschlusstest abgerundet, mit dessen Hilfe die Lernenden am Ende der sechsten Klasse oder auch zu einem anderen Zeitpunkt ihre Lernfortschritte im Bereich Grammatik überprüfen können. Deshalb sollten die beim Lernausgangstest erzielten Ergebnisse durch die Lehrkraft oder die Lernenden sorgfältig aufbewahrt werden, um später einen Lernfortschritt durch die beiden vergleichbar angelegten Tests ermitteln zu können. Die einzelnen Aufgaben des Abschlusstests können jedoch auch alternativ als Lernkontrolle direkt im Anschluss an die jeweiligen Grammatikphänomene eingesetzt werden, um den Lernfortschritt direkt zu überprüfen.

Zudem sei im Hinblick auf die Einsetzübungen bei den einzelnen Arbeitsblättern des Grammatik-Bausteins noch darauf hingewiesen, dass hier im Rahmen von Binnendifferenzierung bei leistungsstärkeren Lernenden mit DaZ die Möglichkeit besteht, die Kästen mit den vorgegebenen Wortformen abzudecken und sie von diesen Lernenden selbst suchen zu lassen.

Abschließend sei noch bemerkt, dass die vorliegenden Kopiervorlagen selbstverständlich auch bei der außerschulischen Sprachförderung von Lernenden mit DaZ verwendet werden können und dass zudem viele der Übungen darüber hinaus gleichfalls zur Sprachförderung von Kindern und Jugendlichen mit Deutsch als Muttersprache benutzt werden können, wenn diese entsprechende Sprachdefizite haben.

Übersicht

Welches grammatische Thema kann mit welcher Aufsatzform kombiniert werden?

Baustein I	Baustein II
Erzählen	• Deklinieren (insbesondere Artikel; Plural; Artikel mit Nomen; Artikel, Adjektiv und Nomen) • unregelmäßige Verben konjugieren (Präsens, Präteritum, Perfekt und Plusquamperfekt)
Beschreiben und Berichten a) für Beschreibung speziell b) für Bericht speziell	• Deklinieren (insbesondere Nomen und Demonstrativpronomen; Demonstrativpronomen, Adjektiv und Nomen) • unregelmäßige Verben konjugieren (Präsens und Perfekt) • unregelmäßige Verben konjugieren (Präteritum und Plusquamperfekt)
Argumentieren	• Deklinieren (insbesondere Nomen und Possessivpronomen; Possessivpronomen, Adjektiv und Nomen) • Unregelmäßige Verben konjugieren (Präsenz und Perfekt)

Baustein I: Sprachlicher Ausdruck

Erzählen

Verben der Vorwärtsbewegung / AB 1 und 2 10

Verben des Sagens / AB 3 und 4 12

Wörter zum Ausdruck zeitlicher Handlungsabfolgen / AB 5 und 6 14

Spannungssteigernde Ausdrücke / AB 7 16

Beschreiben und Berichten

Adjektive und Wortbausteine zur Personenbeschreibung / AB 1 bis 5 17

Wortbausteine zur Tierbeschreibung / AB 6 und 7 22

Verben zur Wegbeschreibung / AB 8 und 9 24

Präpositionen für Ortsangaben bei Bildbeschreibungen und Berichten / AB 10 26

Präpositionen für Ortsangaben bei Wegbeschreibungen / AB 11 bis 13 27

Argumentieren

Sprachliche Wendungen zur Einleitung der Meinungsäußerung / AB 1 30

Sprachliche Wendungen zum Verknüpfen der einzelnen Bausteine
einer Argumentationskette / AB 2 31

Sprachliche Wendungen zur Formulierung von Schlussfolgerungen / AB 3 32

Sprachliche Wendungen zum Ausdruck gegensätzlicher Meinungen / AB 4 33

Erzählen — AB 1

Verben der Vorwärtsbewegung

Den Verben auf der linken Seite entsprechen Verben mit der gleichen Bedeutung auf der rechten Seite. Verbinde die Verben mit der gleichen Bedeutung mit einer Linie.

Beispiel: spazieren — schnell rennen / sprinten — gemütlich laufen

a)

links	rechts
rasen	langsam laufen
bummeln	elegant gehen
betreten	unbemerkt verfolgen
verlassen	rennen
stolzieren	hineingehen
hinterherschleichen	gemütlich laufen
schlendern	weggehen

b)

links	rechts
ankommen	wandern
torkeln	hasten
eilen	erreichen
trödeln	vor Angst schnell weglaufen
marschieren	in Schlangenlinien laufen
verfolgen	langsam gehen
flüchten	hinterhergehen

Erzählen — AB 2

Verben der Vorwärtsbewegung

Füge die passenden Verben ein. Verwandle die Infinitivformen in die richtigen Verbformen. Wähle als Zeitform das Präteritum (einfache Vergangenheit).

Beispiel: Die Familie _____ den Urlaubsort erst gegen Abend. (erreichen)
Die Familie <u>erreichte</u> den Urlaubsort erst gegen Abend.

> schlendern ♦ spazieren ♦ torkeln ♦ rasen ♦ stolzieren ♦
> verfolgen ♦ marschieren ♦ flüchten ♦ betreten ♦ trödeln

a) Der Betrunkene _____ die Straße entlang.

b) Der Polizist _____ den Einbrecher.

c) Die beiden Freundinnen _____ durch die Fußgängerzone, in der es viele Geschäfte gab.

d) Susanne _____ zuerst das Ferienhaus.

e) Die Katze _____ vor dem Hund.

f) Die Soldaten _____ in Fünfergruppen durch das Gebirge.

g) Er _____ so schnell er konnte los, um als Erster am Ziel zu sein.

h) Herr Müller _____ täglich mit seinem Hund am Rhein entlang.

i) Johannes _____ Richtung Bushaltestelle und verpasste deshalb den Bus.

j) Bei der Modenschau _____ Sabine in einem weinroten Hosenanzug mit eleganten Schritten über den Laufsteg.

Erzählen — AB 3

Verben des Sagens

Die Handlung des Sagens kann man durch viele verschiedene Verben, wie zum Beispiel *antworten, rufen* oder *flüstern*, genauer ausdrücken.

Ordne die Verben des Sagens den passenden Sätzen zu.
Trage die Verben in der richtigen Verbform ein. Wähle als Zeitform das Präteritum.

Beispiel: „Aua, aua!", _____ das Kind. (schluchzen):
„Aua, aua!", <u>schluchzte</u> das Kind.

---

antworten ♦ flüstern ♦ zugeben ♦ befehlen ♦ warnen ♦ bitten ♦
brüllen ♦ behaupten ♦ zweifeln ♦ überlegen ♦ fragen

---

a) „Du gehorchst jetzt, und zwar sofort", _____ die Mutter.

b) „Nein, nein, ich räume mein Zimmer nicht auf!", _____ das Kind wütend.

c) „Psst, psst", _____ Mama, „der kleine Jonathan schläft noch."

d) „Bitte, bitte, geh mit mir ins Kino", _____ der Junge seinen Vater.

e) „Ich bin mir ganz sicher", _____ Peter.

f) „Ich habe den Blumentopf heruntergeworfen", _____ Julia _____ .

g) „Wo waren Sie gestern zwischen 20 und 21 Uhr?", _____ der Polizist den Verdächtigen.

h) „Zu Ihrer Frage sage ich nichts", _____ der Angeklagte dem Richter.

i) „Wenn ich nur wüsste, wo ich den Schlüssel hingetan habe ...", _____ Vater.

j) „Gib acht!", _____ Onkel Thomas, aber da war ich schon auf den Ast getreten und hingefallen.

k) „Das glaube ich nicht", _____ Boris.

Erzählen AB 4

Verben des Sagens

Welches Verb des Sagens passt nicht in die Reihe?
Kreise es ein.

Beispiel:

flüstern – (brüllen) – wispern – hauchen

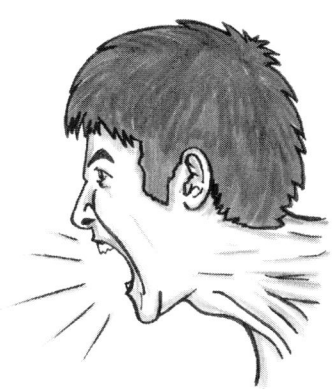

Im Gegensatz zu allen anderen Verben, die „etwas leise sagen" bedeuten, meint „brüllen" etwas „laut und wütend sagen".

a) antworten – entgegnen – fragen – erwidern

b) befehlen – zugeben – auffordern – bitten

c) sich erkundigen – fragen – erfragen – entgegnen

d) schreien – flüstern – rufen – brüllen

e) zweifeln – mitteilen – ankündigen – bekannt geben

f) einräumen – zugeben – bestreiten – gestehen

g) bemerken – antworten – anführen – erwähnen

h) erwägen – überlegen – nachdenken – bitten

i) ausweichen – bekräftigen – unterstreichen – betonen

j) bestreiten – bezweifeln – behaupten – infrage stellen

k) rätseln – schimpfen – meckern – fluchen

l) jubeln – sich freuen – jauchzen – sich aufregen

Erzählen — AB 5

Wörter zum Ausdruck zeitlicher Handlungsabfolgen

Handlungsschritte können zur gleichen Zeit, nacheinander oder voreinander passieren.

Beispiele:
zur gleichen Zeit (gleichzeitig):
Hannes kam nach Hause. In diesem Augenblick klingelte das Telefon.

nacheinander (zeitlich danach = nachzeitig):
Hannes kam nach Hause. Danach zog er sich um.

voreinander (zeitlich davor = vorzeitig):
Hannes kam nach Hause. Davor war er einkaufen gewesen.

Mithilfe der Wörter in dem Kasten kannst du ausdrücken, ob eine Handlung gleichzeitig, nacheinander oder voreinander geschieht.

Suche aus dem Kasten die Wörter heraus, die eine gleichzeitige, nachzeitige oder vorzeitige Handlung andeuten. Trage die Wörter in die Tabelle ein.

> dann ♦ vorher ♦ in diesem Moment ♦ jetzt ♦ hiernach ♦ gleichzeitig
> indessen ♦ später ♦ in diesem Augenblick ♦ nun ♦ nachher ♦ davor
> anschließend ♦ im gleichen Augenblick ♦ hierauf ♦ währenddessen
> zuvor ♦ hinterher ♦ zur gleichen Zeit ♦ hiervor ♦ daraufhin
> in dieser Sekunde ♦ danach

gleichzeitig (zur gleichen Zeit)	nachzeitig (danach)	vorzeitig (davor)

Erzählen AB 6

Wörter zum Ausdruck zeitlicher Handlungsabfolgen

Füge in die Geschichte Wörter ein, die den Handlungsablauf beschreiben.
Suche das passende Wort, das der vorgegebenen Zeitangabe entspricht.

Beispiel:
Jan macht seine Hausaufgaben. (vorzeitig: davor/hinterher/zur gleichen Zeit)
war er beim Tischtennistraining.
▷ *Jan macht seine Hausaufgaben. Davor war er beim Tischtennistraining.*

① Herr K. fuhr mit Vollgas auf die Kreuzung zu. _____
(gleichzeitig: später / vorher / in diesem Augenblick) kam von rechts ein Auto herangerast und ein deutliches Scheppern war zu hören.

② _____ *(nachzeitig: hiervor / hierauf / in dieser Sekunde)* öffneten sich nach einer kurzen Zeit die Türen beider Autos.

③ _____ *(nachzeitig: zuvor / dann / in diesem Moment)* brüllten sich die beiden Autofahrer an und Herr K. bekam von seinem wütenden Gegenüber eine

Backpfeife verpasst. ④ _____ *(nachzeitig: vorher / hiernach / währenddessen)* riefen sie die Polizei. Die beiden Polizisten beruhigten die Männer, protokollierten den Unfallhergang und teilten beiden Herren mit, dass das Gericht die endgültige Schuld feststellen müsse. Außerdem nahmen sie gegen Herrn Ks Widersacher wegen der

Backpfeife noch eine Anzeige auf. ⑤ _____ *(vorzeitig: zuvor / später / gleichzeitig)* hatten die Beamten noch dafür gesorgt, dass die beiden kaputten Autos abge-

schleppt wurden. ⑥ _____ *(nachzeitig: hiervor / zur gleichen Zeit / anschließend)* ließen die Polizisten die beiden Widersacher zu Fuß nach Hause gehen.

Erzählen AB 7

Spannungssteigernde Ausdrücke

Mit diesen Ausdrücken kannst du deine Erzählung spannender machen:

plötzlich ♦ auf einmal ♦ jäh ♦ völlig unerwartet ♦ aus heiterem Himmel ♦ blitzartig

1. **Ergänze den Lückentext sinnvoll. Verwende die Wörter aus dem Kasten.**

   Neulich war Jonas allein zu Hause. Seine Eltern waren ins Kino gegangen.

   ① _____ wachte Jonas auf, weil er ein unheimliches Geräusch hörte.

   ② _____ glaubte er Schritte in der Diele zu hören. „Hilfe", dachte er, „das ist bestimmt ein Einbrecher!" ③ _____ warf Jonas seine Bettdecke zur Seite, sprang aus den Federn und rannte schreiend aus seinem Zimmer um nachzusehen. ④ Doch als er seine Zimmertür aufriss, blieb er _____ stehen. Was glaubt ihr, wen er da sah? Nein, es war kein Einbrecher, wie er befürchtet hatte.

   ⑤ Jonas' Eltern waren _____ eher aus dem Kino zurückgekehrt, weil ihnen der Film nicht gefallen hatte. ⑥ Nachdem Jonas sich beruhigt hatte, mussten alle drei _____ über Jonas' Gebrüll loslachen.

2. **Die Satzbausteine sind durcheinandergeraten. Bringe sie in die richtige Reihenfolge, sodass sich ein sinnvoller Satz ergibt.**
   Achtung: Es gibt jeweils zwei sinnvolle Lösungen! Schreibe beide ins Heft.

   a) [er] [verfolgt] [weil] [plötzlich] [rannte] [er] [los] [fühlte] [sich]

   b) [eher aus der Stadt] [gekommen] [völlig unerwartet] [seine Mutter] [nach Haus] [war]

Beschreiben und Berichten — AB 1

Adjektive und Wortbausteine zur Personenbeschreibung

Ordne die Adjektive aus den Kästen den passenden Bildern zu.
Schreibe das richtige Adjektiv unter das richtige Bild.

a) Gesichtsform

rundlich ♦ länglich ♦ oval ♦ kantig

① _____ ② _____ ③ _____ ④ _____

b) Nasen

schmal ♦ breit ♦ kurz ♦ lang ♦ krumm

   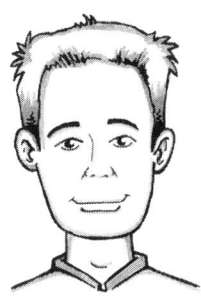 

① _____ ② _____ ③ _____ ④ _____ ⑤ _____

Beschreiben und Berichten — AB 2

Adjektive und Wortbausteine zur Personenbeschreibung

Welche Adjektive passen zu welchem Bild?
Schreibe die passenden Adjektive in den Lückentext.
Achte auf die richtigen grammatischen Endungen.

Beschreibung der Wangen

eingefallen ◆ pausbäckig ◆ blass ◆ gerötet

① Er hat ein _____ Gesicht und _____ Wangen.

② Er besitzt _____ und _____ Wangen.

Beschreiben und Berichten — AB 3

Adjektive und Wortbausteine zur Personenbeschreibung

Ordne die Wörter oder Wortgruppen aus dem Kasten den passenden Bildern zu.
Schreibe die Wörter oder Wortgruppen unter das richtige Bild.

Beschreibung der Haare

> kurz ◆ lang ◆ kinnlang ◆ schulterlang ◆ glatt ◆ lockig ◆ zu einem Pferdeschwanz zusammengebunden ◆ zu einem Zopf geflochten ◆ offene Zöpfe ◆ geflochtene Zöpfe ◆ zu einem Dutt zusammengesteckt ◆ eine Glatze

① _____ ② _____ ③ _____ ④ _____

⑤ _____ ⑥ _____ ⑦ _____ ⑧ _____

⑨ _____ ⑩ _____ ⑪ _____ ⑫ _____

Birgit Lascho: Training Wortschatz – Grammatik
© Persen Verlag

Beschreiben und Berichten — AB 4

Adjektive und Wortbausteine zur Personenbeschreibung

Ordne die Adjektive aus dem Kasten der Frau zu, deren Körperbau sie beschreiben. Schreibe die Adjektive unter das passende Bild.

Beschreibung des Körperbaus

> schlank ◆ kräftig ◆ untersetzt ◆ hager ◆ beleibt ◆ zierlich ◆ dick ◆
> stattlich ◆ dürr ◆ fettleibig ◆ dünn ◆ schmal

① _____ ② _____

Beschreiben und Berichten — AB 5

Adjektive und Wortbausteine zur Personenbeschreibung

Betrachte die beiden Bilder. Suche aus dem Kasten die Wörter heraus, die zu den abgebildeten Personen passen. Schreibe diese Wörter in den Lückentext. Achte dabei auf die richtigen Endungen.

> krumm ◆ lockig ◆ lang ◆ kräftig ◆ blass ◆ schulterlang ◆ pausbäckig ◆ breit ◆ eingefallen ◆ schmal ◆ kurz ◆ länglich ◆ gerötet

Bild 1

Die Person besitzt eine _____ Statur. Sie hat ein _____

Gesicht mit _____ und _____ Wangen. Sie trägt ihr

Haar, das _____ ist, _____ . Sie hat eine

_____ Nase.

Bild 2

Die Person ist von _____ Körperbau. Sie besitzt ein _____

_____ Gesicht mit _____ Wangen. Ihre Nase ist

_____ und die Haare sind _____ geschnitten.

Beschreiben und Berichten — AB 6

Wortbausteine zur Tierbeschreibung – Katzen

Ordne die Wortbausteine aus dem Kasten den passenden Bildern zu und schreibe sie unter die richtigen Bilder.

Aussehen des Fells

> getigert ♦ marmoriert ♦ gefleckt ♦ einfarbig ♦ mit weißem Brustfleck ♦
> am Hals weiß ♦ mit weißen Pfoten ♦ mit weißer Schwanzspitze ♦
> an den Beinen und Pfoten weiß

① _____ ② _____ ③ _____

④ _____ ⑤ _____ ⑥ _____

⑦ _____ ⑧ _____ ⑨ _____

Beschreiben und Berichten — AB 7

Wortbausteine zur Tierbeschreibung – Hunde

Vergleiche die Hunde auf den beiden Bildern. Suche Wortbausteine heraus, die zu den Bildern passen.
Trage die Wortbausteine in der richtigen Spalte der Tabelle ein.

---

lang ◆ herunterhängend ◆ kurz ◆ hochstehend ◆ mit langen Haaren ◆ lang ◆ buschig ◆ kurz

---

① ②

	Hund 1	Hund 2
Schnauze		
Ohren		
Schwanz		

Birgit Lascho: Training Wortschatz – Grammatik
© Persen Verlag

Beschreiben und Berichten — AB 8

Verben zur Wegbeschreibung

Betrachte die Bilder und lies die dazugehörigen Bildunterschriften.
Ergänze die Lücken mit den passenden Verben aus dem Kasten.

> einbiegen ♦ passieren* ♦ laufen ♦ entlanggehen ♦ hineingehen ♦ verlassen ♦
> folgen ♦ überqueren ♦ passieren ♦ überqueren ♦ abbiegen ♦ überqueren

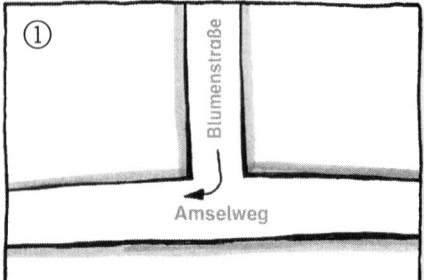

In den Amselweg einbiegen

In den Amselweg _____

In den Amselweg _____

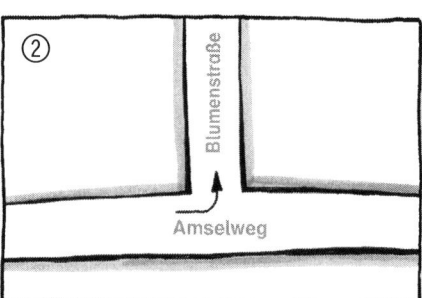

Vom Amselweg abbiegen

Den Amselweg _____

Vom Amselweg _____

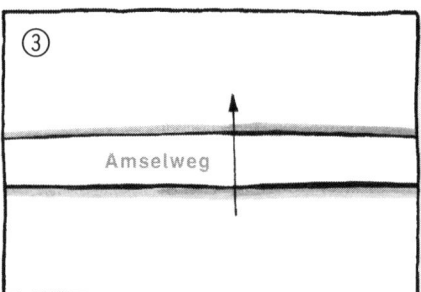

Den Amselweg passieren

Den Amselweg _____

Über den Amselweg _____

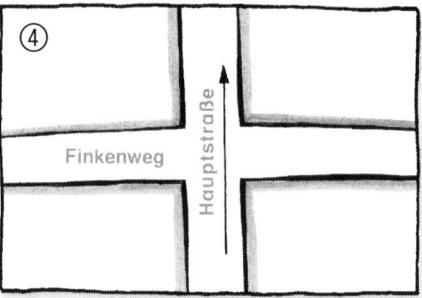

Über die Kreuzung gehen

Die Kreuzung _____

Die Kreuzung _____

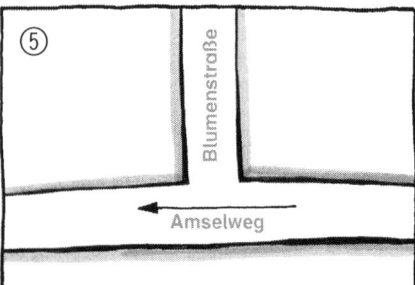

Durch den Amselweg gehen

Den Amselweg _____

Dem Verlauf des Amselwegs _____

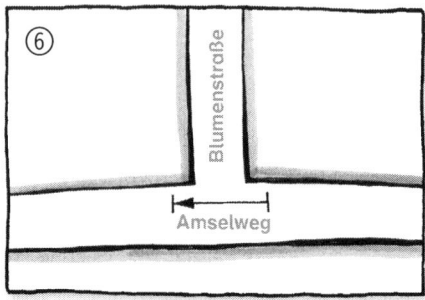

An der Blumenstraße vorbei laufen

Die Blumenstraße _____

Die Blumenstraße _____

* passieren bedeutet überqueren

Beschreiben und Berichten AB 9

Verben zur Wegbeschreibung

Betrachte den eingezeichneten Weg auf der Karte.
Ergänze den Lückentext mit den passenden Verben.

Beispiel: laufen ▷ laufe

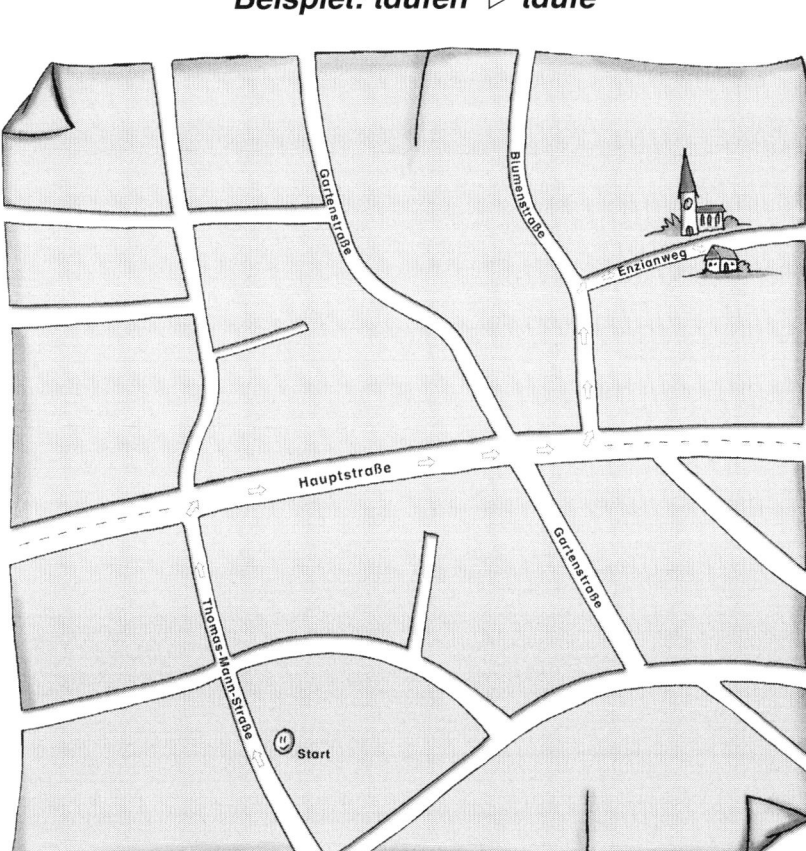

**weitergehen ♦ überqueren ♦ abbiegen ♦ geradeaus gehen ♦ einbiegen ♦
passieren ♦ folgen ♦ verlassen ♦ entlanglaufen**

① _____ die nächste Kreuzung und _____ die Thomas-Mann-Straße _____ bis zur darauffolgenden Kreuzung. ② _____ dort nach rechts in die Hauptstraße _____ , _____ die folgende Kreuzung Hauptstraße/Gartenstraße und _____ der Hauptstraße bis zur Einmündung Blumenstraße. ③ _____ dort die Hauptstraße und _____ die Blumenstraße bis zum Enzianweg _____ . ④ _____ nun von der Blumenstraße in den Enzianweg _____ und _____ bis du zu einer Kirche kommst. Dort gegenüber wohnen wir.

Beschreiben und Berichten — AB 10

Präpositionen für Ortsangaben bei Bildbeschreibungen und Berichten

Betrachte das Bild. Ergänze den Lückentext mit den passenden Präpositionen.

unter ♦ zwischen ♦ auf ♦ um ♦ am ♦ neben ♦ auf ♦ an ♦ in ♦ vor ♦ über

① Tisch und Sofa stehen _____ der Mitte des Raumes. ② _____ dem Sofa liegt ein Hut. ③ Links _____ dem Sofa steht ein Stuhl. ④ _____ die Stuhllehne ist eine Jacke gehängt. ⑤ _____ dem Heizkörper liegt eine Zeitung _____ Boden.

⑥ _____ der Stehlampe und dem Sofa ist ein überquellender Papierkorb zu sehen.

⑦ Außerdem kann man _____ der hinteren Zimmerwand ein Gemälde mit prächtigem Rahmen erblicken. ⑧ _____ dem Bild hängt ein kleiner Kalender. ⑨ Aus unerfindlichen Gründen hat jemand eine rosa Schleife _____ das rechte Bein des Stuhls gebunden. ⑩ Weiter sieht man _____ dem Tisch eine Tasse stehen.

Beschreiben und Berichten — AB 11

Präpositionen für Ortsangaben bei Wegbeschreibungen

Ordne die Präpositionen dem passenden Satz zu und trage sie in die Lücken ein.
Beachte dabei, dass manche Präpositionen schon mit einem Artikel verschmolzen sind.

*Beispiel: im ▷ in + dem / am ▷ an + dem / zum ▷ zu + dem
vom ▷ von + dem / zur ▷ zu + der*

im ♦ an ♦ über ♦ zur ♦ in ♦ am ♦ durch ♦ bis zur ♦ vom ♦ aus ♦ um ♦ zum

a) Herr Meier fährt _____ dem Parkhaus.

b) Sie treffen sich _____ Kino.

c) Der alte Herr geht _____ Park spazieren.

d) Der Zug fährt _____ den Bahnhof ein.

e) Frau Huber geht _____ Apotheke.

f) Folgen Sie der Hauptstraße _____ nächsten Kreuzung.

g) Björn läuft _____ Bahnhof.

h) Sie müssen _____ das Gebäude herumgehen,
dann stoßen Sie automatisch auf den Eingang.

i) Er fährt _____ der Kirche vorbei.

j) Die Kinder laufen gespannt _____ den Platz.

k) Das Ehepaar läuft _____ den Park.

l) Herr Müller kommt gerade _____ Bahnhof.

Beschreiben und Berichten — AB 12

Präpositionen für Ortsangaben bei Wegbeschreibungen

Ordne die Präpositionen dem passenden Satz zu. Ergänze den dazugehörigen Artikel.

Beispiel: Er wartete _____ Bahnhof auf sie. (vor)
Er wartete vor dem Bahnhof auf sie.

über ◆ bis zu ◆ in ◆ vor ◆ auf ◆ zu ◆ durch ◆ an ◆ bis ◆ zu ◆ in ◆ auf

a) In der Altstadt trafen sie als Erstes _____ Rathaus.

b) Frau Bach blinkte und fuhr _____ Parkhaus hinein.

c) Die Kinder liefen schnell _____ schmale Brücke.

d) Die Touristen gingen _____ Kirche hinein, um sie zu besichtigen.

e) Es ist nicht mehr weit _____ Schule.

f) Die Jugendlichen machten sich _____ Weg _____ Kino.

g) Herr Fischer fuhr _____ Kneipe und stellte dort das Auto ab.

h) Sie verabredeten, sich _____ Rathaus zu treffen.

l) Der Zug fuhr mit hoher Geschwindigkeit _____ Tunnel.

j) Das Haus stand direkt _____ Straße.

Beschreiben und Berichten — AB 13

Präpositionen für Ortsangaben bei Wegbeschreibungen

Ordne die Präpositionen dem richtigen Satz zu.

> nach • in • von • nach • in • nach • an • bis • an • aus • in • bei • am • in

a) Ich gehe jeden Nachmittag _____ Rhein spazieren.

b) Familie Müller fährt _____ die Alpen.

c) Oma verreist _____ Bad Godesberg.

d) Markus geht _____ der Fulda entlang.

e) Herr Meier fährt auf Geschäftsreise _____ Berlin.

f) Sie verlassen die Autobahn _____ Düsseldorf.

g) Familie Huber verreist _____ die Nordsee.

h) Ebru verbringt die Sommerferien _____ der Türkei.

i) Boris macht mit seinen Eltern Urlaub _____ Großbritannien.

j) Heike fährt mit ihrer Familie _____ Frankreich.

k) Wir kommen _____ Kassel her auf die Autobahn.

l) Susanne fährt nächste Woche _____ die Schweiz.

m) Wir kommen direkt _____ Konstanz, wenn wir zu deinem Geburtstag kommen.

n) Du musst _____ Frankfurt mit dem ICE fahren, wenn du nach Friedberg willst.

Argumentieren — AB 1

Sprachliche Wendungen zur Einleitung der Meinungsäußerung

Lies den Text. Ergänze die Lücken. Wörter, mit denen du deine eigene Meinung ausdrücken kannst, findest du im Kasten.

> **sollten ◆ der ◆ denke ◆ Meinung ◆ meiner ◆ bin ◆ nach ◆ dass**

Diskussion der Klasse 6b über die Gestaltung des Wandertages

a) Tom: „Meiner _____ nach sollten wir am Wandertag ins Schwimmbad gehen."

b) Julia: „Nein, ich _____, dass wir im Museum für Ur- und Frühgeschichte die Dinosaurier angucken sollten."

c) Marvin: „Nein, ich _____ der Meinung, dass wir lieber einen Gang durch das Automuseum unternehmen sollten."

d) Holger: „Nein, _____ meiner Auffassung sollten wir lieber das Spielzeugmuseum besuchen."

e) Tina: „Nein, ich bin _____ Auffassung, dass wir überhaupt nicht ins Museum gehen sollten."

f) Sabine: „Nein, wandern ist langweilig, ich meine, _____ wir lieber einen Film im Kino anschauen sollten.

g) Heike: „Nein, _____ Auffassung nach sollten wir bei dem schönen Wetter jetzt im Mai nichts unternehmen, was wir auch im Winter machen können."

h) Ingo: „Nach meiner Meinung _____ wir vielmehr in den Fun-Freizeitpark fahren."

Argumentieren — AB 2

Sprachliche Wendungen zum Verknüpfen der einzelnen Bausteine einer Argumentationskette

Leider sind die Bestandteile der drei Argumentationsketten durcheinandergeraten.

a) Ordne den drei Behauptungen die passenden Begründungen und Beispiele zu und verbinde sie durch Linien.
b) Verknüpfe die Teile der einzelnen Argumentationsketten anschließend mit den Wörtern, die hinter der Behauptung in Klammern stehen.
c) Trage diese Wörter in die Lücken ein.
Schreibe die kompletten Argumentationsketten auf einen Extrazettel.

① Ihr solltet mir unbedingt einen Computer zu Weihnachten schenken, *(denn – beispielsweise)*

② Ihr solltet mir auf alle Fälle ein Handy kaufen, *(weil – zum Beispiel)*

③ Ihr solltet mich unbedingt in den Schwimmverein eintreten lassen, *(da – so)*

___ ich damit jederzeit Hilfe herbeirufen kann, wenn mir etwas zustößt.

___ Sport gesund ist und ich auf diese Weise abnehmen kann.

___ diesen kann ich wunderbar zum Vokabellernen für Englisch benutzen.

___ hat Jan aus meiner Klasse einige Kilos abgenommen, seitdem er einmal die Woche zum Schwimmtraining geht.

Holger von nebenan hat ___ wesentlich bessere Noten bei Vokabeltests, seitdem er einen Computer besitzt, mit dessen Hilfe er Vokabeln lernt.

Onkel Horst konnte ___ selbst Hilfe herbeirufen, als er im Sommer mit dem Fahrrad im Wald gestürzt ist.

Argumentieren   AB 3

Sprachliche Wendungen zur Formulierung von Schlussfolgerungen

Hier geht es um die Formulierung von Schlussfolgerungen. Ergänze die Sätze mit den passenden Wörtern.

Tipp: Die Anzahl der Buchstaben sowie einzelne Buchstaben sind vorgegeben.

> **also ◆ demnach ◆ infolgedessen ◆ deshalb ◆ folglich ◆ daher ◆ deswegen**

a) Es spricht vieles für die Anschaffung einer Katze. __ __ s __ __ __ __ solltest du mir erlauben, dass ich die herrenlose Katze vom Spielplatz zu uns hole.

b) Oma kann nicht mehr alleine in ihrer Wohnung leben, __ e __ __ __ __ __ sollten wir Oma zu uns nehmen.

c) Es gibt keinen Grund, der gegen einen Beitritt im Schwimmverein spricht, __ __ __ __ solltest du mich sofort anmelden.

d) Dieser Anorak ist dicker. __ __ __ __ __ __ __ __ __ __ __ __ sollten wir diesen nehmen.

e) Von dem Spiel gibt es nur noch zwei Exemplare zum Sonderpreis, __ __ __ __ __ solltest du es mir sofort kaufen.

f) In der Zeitung war neulich zu lesen, dass Fahrradhelme ohne Prüfsiegel bei einem Sturz schnell zerbrechen können, __ e __ __ __ __ sollten wir den teuren mit Prüfsiegel kaufen.

g) Unsere Lehrerin hat uns den Kinofilm empfohlen. __ __ __ __ __ __ __ h solltest du es mir erlauben, dass ich heute mit den anderen ins Kino gehe.

Argumentieren — AB 4

Sprachliche Wendungen zum Ausdruck gegensätzlicher Meinungen

Leider ist die Wortfolge der sprachlichen Wendungen zum Ausdruck einer gegensätzlichen Meinung durcheinandergeraten. Bringe die Wortfolge wieder in Ordnung. Schreibe die Wörter in der richtigen Reihenfolge auf.

Achtung: Großgeschriebene Wörter gehören an den Anfang.

a) *(dieses ist Argument einzuwenden Gegen)* _____

_____, dass man sich beim Sport auch ganz leicht verletzen kann.

b) *(denke Ich jedoch)* _____, dass wir dieses Buch mit Festeinband kaufen sollten, weil die Seiten da nicht so schnell herausgehen.

c) *(spricht Dagegen)* _____, dass wir oft in den Urlaub fahren und die Katze dann versorgt werden müsste.

d) *(muss zu jedoch geben bedenken)* Man _____, dass auch hochwertige Turnschuhe schnell kaputtgehen können.

e) *(dieses spricht Argument)* Gegen _____, dass ein Hund nicht immer im Haus ist und es so bewachen kann.

f) *(dazu im Gegensatz Ich)* _____ denke _____, dass wir erst einmal abwarten sollten, bevor wir eine Unfallversicherung abschließen.

g) *(anzuführen Seite Auf anderen der)* _____ ist _____, dass ein normales Fahrrad billiger ist.

h) *(jedoch Dem)* _____ widerspricht _____, dass ein Golf genauso wenig Stauraum hat wie ein Fiat.

i) *(meine Im dazu ich)* _____ Gegensatz _____, dass wir vorher doch noch einmal nach Hause fahren sollten, um uns umzuziehen.

Baustein II: Training grammatischer Grundfertigkeiten

Lernausgangstest Grammatik
- Was kannst du schon und wo hast du noch Übungsbedarf? 35
- Anleitung zur Kontrolle und Auswertung: Wie gut bin ich in Grammatik? 39
- Leistungstabelle: Das kann ich schon 40

Methodentraining:
Umgang mit dem Wörterbuch – Hilfe bei grammatischen Fragen 41

Liste ausgewählter unregelmäßiger Verben 43–47

Deklinieren
- Den richtigen Artikel finden / AB 1 und 2 48
- Den richtigen Plural finden / AB 3 bis 5 50
- Artikel mit Nomen / AB 6 bis 9 53
- Artikel, Adjektiv und Nomen / AB 10 bis 13 57
- Nomen und Possessivpronomen / AB 14 und 15 61
- Possessivpronomen, Adjektiv und Nomen / AB 16 und 17 63
- Nomen und Demonstrativpronomen / AB 18 und 19 65
- Demonstrativpronomen, Adjektiv und Nomen / AB 20 und 21 67

Unregelmäßige Verben konjugieren
- Das Präsens unregelmäßiger Verben / AB 1 bis 4 69
- Das Präteritum unregelmäßiger Verben / AB 5 bis 9 73
- Das Perfekt unregelmäßiger Verben / AB 10 79
- Das Plusquamperfekt unregelmäßiger Verben / AB 11 bis 15 80

Abschlusstest Grammatik
- Was hast du dazugelernt und was musst du noch weiter üben? 85
- Anleitung zur Kontrolle und Auswertung:
- Was hast du dazugelernt – was musst du noch weiter üben? 90
- Leistungstabelle: Das kann ich schon 91

Lernausgangstest Grammatik

Was kannst du schon und wo hast du noch Übungsbedarf?

1. **Füge den Wörtern den bestimmten Artikel *(der, die, das)* hinzu.**

   _____ Rasierapparat, _____ Fluss, _____ Ampel, _____ Malkasten,

   _____ Märchen, _____ Fabel, _____ Schulfest, _____ Schatzkiste,

   _____ Biologieunterricht, _____ Flurgarderobe, _____ Lesebuch,

   _____ Wandertagsziel

   ☐ von 12 Punkten

2. **Bilde zu folgenden Wörtern den Plural.**

   ① das Tuch ▷ die _____ ② der Duft ▷ die _____

   ③ das Zeugnis ▷ die _____ ④ die Autofahrt ▷ die _____

   ⑤ der Schüler ▷ die _____ ⑥ der Nagel ▷ die _____

   ⑦ der Preis ▷ die _____ ⑧ das Büro ▷ die _____

   ⑨ der Kasten ▷ die _____ ⑩ die Reise ▷ die _____

   ⑪ der Bauer ▷ die _____ ⑫ die Zeitung ▷ die _____

   ☐ von 12 Punkten

3. **Füge die in Klammern stehenden Nomen mit Artikel in die Sätze ein. Achte dabei auf die richtige grammatische Form.**

   ① Das Fell _____ *(der Hund)* ist schwarz. ② Die Lehrerin hat _____ *(die Kinder)* keine Hausaufgaben gegeben. ③ Ich habe _____ *(das Buch)* geschenkt bekommen. ④ Die Röcke _____ *(die Frauen)* sehen gut aus. ⑤ Ich gebe _____ *(die Katze)* gleich Milch. ⑥ Das Medikament hilft _____ *(der Kranke)* nicht. ⑦ Die Ohren _____ *(die Hasen)* waren lang. ⑧ Ich schenke _____ *(das Mädchen)* gern etwas.

   ☐ von 8 Punkten

Lernausgangstest Grammatik

4. Ergänze die Sätze mit den in Klammern stehenden Adjektiven. Achte auf die richtige grammatische Form.

① Die Augen des _____ (klein) Tieres waren noch geschlossen. ② Ich versuchte den _____ (zornig) Herrn zu beruhigen. ③ Julia hat der _____ (nett) Frau von nebenan 20 Cent geliehen. ④ Das Geschrei der _____ (aufgeregten) Passanten war groß. ⑤ Der Preis des _____ (neu) Fahrrades war nicht gering. ⑥ Der _____ (rund) Tisch ist schwer. ⑦ Ich habe ihr eine _____ (niedlich) Plüschkatze geschenkt. ⑧ Der Durst der _____ (klein) Kinder ist oft groß.

☐ von 8 Punkten

5. Ergänze die folgenden Sätze mit den in Klammern stehenden Possessivpronomen. Achte dabei auf die richtige grammatische Form.

① Die Räume _____ (unser) Hauses sind hoch. ② Ich habe _____ (mein) Bruder ein Auto geschenkt. ③ Die Geduld _____ (sein) Mutter war am Ende. ④ Ich werde _____ (euer) Fahrrad benutzen. ⑤ Die Spielkameraden _____ (mein) Kinder sind nett. ⑥ Ich hole gleich _____ (mein) Sohn vom Fußballtraining ab. ⑦ Der Freund _____ (ihr) Vaters ist sehr nett. ⑧ Ich werde die Krallen _____ (mein) Hasen schneiden lassen.

☐ von 8 Punkten

6. Ergänze die folgenden Sätze mit den in Klammern stehenden Adjektiven. Achte dabei auf die richtige grammatische Form.

① Ich werde dir unser _____ (neu) Auto zeigen. ② Die Hände seines _____ (begeistert) Vaters klatschten. ③ Er gab seinem _____ (hungrig) Hund Futter. ④ Mutti hat deine _____ (alt) Schuhe in den Müll getan. ⑤ Sein _____ (kunstvoll) Sprung begeisterte das Publikum. ⑥ Ich warf meine _____ (kaputt) Lampe in den Müll. ⑦ Plötzlich erblickte ich mein _____ (klein) Kaninchen. ⑧ Das Geschrei seiner _____ (unruhig) Kinder verstummte endlich.

☐ von 8 Punkten

Lernausgangstest Grammatik

**7. Füge das Demonstrativpronomen *(dieser, diese, dieses)* ein.
Achte auf die richtige grammatische Form.**

① Er hat das Geld _____ Mann gegeben. ② Die Kinder _____ Frau sind ungezogen. ③ Sie hat _____ Kind Schokolade geschenkt. ④ Er ist _____ Auto noch nie gefahren. ⑤ Das Verhalten _____ Leute ist unmöglich. ⑥ Sie hat _____ Frau den Schlüssel gegeben. ⑦ Du darfst _____ Leuten nie vertrauen. ⑧ Sie hat _____ Früchte noch nie gegessen.

☐ von 8 Punkten

**8. Füge das in Klammern stehende Adjektiv ein.
Achte dabei auf die richtige grammatische Form.**

① Die Schuhe dieses _____ *(arm)* Mannes waren verschlissen. ② Er verkaufte dieser _____ *(vornehm)* Frau Ohrringe. ③ Oma hat ihm diesen _____ *(unfreundlich)* Brief geschrieben. ④ Er beobachtete diese _____ *(flink)* Amsel schon lange. ⑤ Sie nahm diesem _____ *(fröhlich)* Kind schnell das neue Spielzeug weg. ⑥ Er lockte dieses _____ *(verängstigt)* Tier unter dem Tisch hervor. ⑦ Papa hat diesem _____ *(alt)* Mann den Schlüssel anvertraut. ⑧ Sie steckte dieses _____ *(dreckig)* Kind sofort in die Badewanne.

☐ von 8 Punkten

9. Bilde die dritte Person Singular Präsens zu den folgenden Verben.

① fallen ▷ er/sie/es _____ ② laufen ▷ er/sie/es _____

③ nehmen ▷ er/sie/es _____ ④ befehlen ▷ er/sie/es _____

⑤ sterben ▷ er/sie/es _____ ⑥ erlöschen ▷ er/sie/es _____

⑦ vergessen ▷ er/sie/es _____ ⑧ wissen ▷ er/sie/es _____

⑨ treffen ▷ er/sie/es _____ ⑩ lesen ▷ er/sie/es _____

⑪ essen ▷ er/sie/es _____ ⑫ können ▷ er/sie/es _____

☐ von 12 Punkten

Lernausgangstest Grammatik

10. Bilde die dritte Person Singular Präteritum zu folgenden Verben.

① schlagen ▷ er/sie/es _____ ② gehen ▷ er/sie/es _____

③ schleichen ▷ er/sie/es _____ ④ verlieren ▷ er/sie/es _____

⑤ fallen ▷ er/sie/es _____ ⑥ essen ▷ er/sie/es _____

⑦ treten ▷ er/sie/es _____ ⑧ lassen ▷ er/sie/es _____

⑨ gießen ▷ er/sie/es _____ ⑩ laufen ▷ er/sie/es _____

⑪ lesen ▷ er/sie/es _____ ⑫ denken ▷ er/sie/es _____

☐ von 12 Punkten

11. Ergänze die folgenden Perfekt- und Plusquamperfektformen durch das Partizip II des in Klammern stehenden Verbs.

① er ist _____ *(sein)* ② sie hat _____ *(empfehlen)*

③ es hatte _____ *(brennen)* ④ er war _____ *(scheiden)*

⑤ sie hatte _____ *(denken)* ⑥ es hat _____ *(schreien)*

⑦ sie hat _____ *(trinken)* ⑧ er hatte _____ *(bitten)*

⑨ sie hat _____ *(wissen)* ⑩ er hat _____ *(treffen)*

⑪ es ist _____ *(steigen)* ⑫ er hatte _____ *(kennen)*

☐ von 12 Punkten

Lernausgangstest Grammatik/Auswertung

Wie gut bin ich in Grammatik?

Den Lernausgangstest kannst du selbst mithilfe der Lösungsseiten im Anhang kontrollieren. Du kannst ihn aber auch jemand anderes kontrollieren lassen, zum Beispiel deinen Tischnachbarn oder deine Tischnachbarin. Wichtig ist, dass der Test **sorgfältig kontrolliert** wird.

Nach der Fehlerkontrolle müssen bei jeder Aufgabe die richtigen Lösungen zusammengezählt werden. Dabei gibt es für jede richtige Lösung einen Punkt. Danach sollten die Punktzahlen für die einzelnen Aufgaben in die Leistungstabelle auf der nächsten Seite eingetragen werden.

Nun suchst du aus der Übersicht unten den Kommentar zum Leistungsstand für die entsprechende **Punktzahl** heraus.

Trage den für dich geltenden Kommentar in die Leistungstabelle ein. So kannst du sehen, welche grammatischen Bereiche du schon beherrschst und wo du unbedingt noch üben musst.

Das ist mein Leistungsstand

Aufgaben 1–2 und 9–11	
12 Punkte	Spitze, das kannst du prima!
11 Punkte	In Ordnung, das kannst du einigermaßen!
9 – 10 Punkte	Hier solltest du noch etwas üben!
6 – 8 Punkte	Hier solltest du noch üben!
0 – 7 Punkte	Hier musst du unbedingt noch üben!

Aufgaben 3–8	
8 Punkte	Spitze, das kannst du prima!
7 Punkte	In Ordnung, das kannst du einigermaßen!
6 Punkte	Hier solltest du noch etwas üben!
5 Punkte	Hier solltest du noch üben!
4 Punkte	Hier musst du unbedingt noch üben!

Lernausgangstest Grammatik/Auswertung

Leistungstabelle – Das kann ich schon

Aufgabe Nr.	Aufgabeninhalt	Punktzahl	Leistungsstand
1	Artikel		
2	Pluralbildung		
3	Deklination von Artikeln und Nomen		
4	Deklination von Artikeln und Nomen mit Adjektiven		
5	Deklination von Possessivpronomen und Nomen		
6	Deklination von Possessivpronomen, Nomen und Adjektiven		
7	Deklination von Demonstrativpronomen und Nomen		
8	Deklination von Demonstrativpronomen, Nomen und Adjektiven		
9	Konjugation unregelmäßiger Verben im Präsens		
10	Konjugation unregelmäßiger Verben im Präteritum		
11	Konjugation unregelmäßiger Verben im Perfekt und Plusquamperfekt		

Methodentraining

Umgang mit dem Wörterbuch – Hilfe bei grammatischen Fragen

Mit einem Wörterbuch, das du auch bei Klassenarbeiten und Prüfungen zum Nachschlagen benutzen darfst, kannst du dir bei folgenden Unsicherheiten selbst helfen:

▶ **Finden des richtigen Artikels,** denn bei allen Nomen wird das Geschlecht angegeben.
Hinweis: In der Regel steht die Angabe des Artikels oder Geschlechts direkt hinter dem Nomen; beim Duden steht sogar direkt der Artikel *der, die* oder *das*, bei anderen Wörterbüchern kann stattdessen aber auch *m, f* oder *n* stehen.
Dabei steht *m* für **maskulinum,** was männlich bedeutet, also den Artikel **der** erfordert, *f* für **femininum,** was weiblich bedeutet, also den Artikel **die** verlangt, und *n* für **neutrum,** was sächlich bedeutet, also den bestimmten Artikel **das** bekommt.

▶ **Finden der Pluralform** und **der Genitivform im Singular.**
Hinweis: Hier wird normalerweise erst die Endung für die Genitivform im Singular angegeben, bevor die Endung der Pluralform oder die komplette Pluralform gezeigt wird.

Achtung: Nicht alle Wörterbücher bieten wie der Duden grundsätzlich immer die Pluralform sowie die Singularform im Genitiv an. Deshalb achte bei der Auswahl deines Wörterbuches darauf, ob diese Angaben vorhanden sind.

▶ **Finden der Verbformen bei unregelmäßigen Verben.**
Hinweis: Im Duden sind die Formen der zweiten Person Singular (Du-Form) im Präsens und im Präteritum sowie im Konjunktiv (indirekte Rede) sowie das Partizip angegeben, das du für die Bildung weiterer Zeitformen benötigst.

Achtung: Bei anderen Wörterbüchern können sich diese Formen auch im Anhang befinden.

Beachte außerdem: Um bei zusammengesetzten Nomen Informationen zu finden, musst du unter dem Grundwort – dem letzten Bestandteil des zusammengesetzten Wortes – nachschlagen.

Beispiel: Bei Blumenvase unter Vase oder bei Bilderrahmen unter Rahmen.

Methodentraining

1. Ermittle mithilfe eines Wörterbuchs das Geschlecht der Nomen.
   Schreibe sie mit dem dazugehörigen Artikel auf.
   Achtung: Bei einem Wort gibt es zwei Möglichkeiten! Schreibe beide auf.

   Moor   Tabak   Leiter   Salbe

   _____   _____   _____   _____

   Taschentuch   Küchenuhr   Werkstoff

   _____   _____   _____

2. Suche mithilfe eines Wörterbuchs den Plural zu den folgenden Wörtern.
   Schreibe die Pluralform auf die Linie darunter. Sollte es zwei Formen geben,
   schreibe beide auf.

   Schwan   Atlas   Lexikon

   _____   _____   _____

3. Finde mithilfe eines Wörterbuchs die Präteritumform in der dritten Person Singular
   (er/sie/es-Form) zu den folgenden unregelmäßigen Verben.

   Beispiel: springen ▷ er/sie/es sprang

	schwimmen	meiden	tragen
er/sie/es			

Liste ausgewählter unregelmäßiger Verben

Verben von befehlen bis fliegen

Infinitiv	Präsens 3. Person Singular	Präteritum 3. Person Singular	Partizip II
befehlen	befiehlt	befahl	befohlen
beginnen	beginnt	begann	begonnen
beißen	beißt	biss	gebissen
bergen	birgt	barg	geborgen
biegen	biegt	bog	gebogen
bieten	bietet	bot	geboten
binden	bindet	band	gebunden
bitten	bittet	bat	gebeten
blasen	bläst	blies	geblasen
bleiben	bleibt	blieb	geblieben
braten	brät	briet	gebraten
brechen	bricht	brach	gebrochen
brennen	brennt	brannte	gebrannt
bringen	bringt	brachte	gebracht
denken	denkt	dachte	gedacht
dürfen	darf	durfte	gedurft
empfehlen	empfiehlt	empfahl	empfohlen
erlöschen	erlischt	erlosch	erloschen
essen	isst	aß	gegessen
fahren	fährt	fuhr	gefahren
fallen	fällt	fiel	gefallen
fangen	fängt	fing	gefangen
fechten	ficht	focht	gefochten
finden	findet	fand	gefunden
flechten	flicht	flocht	geflochten
fliegen	fliegt	flog	geflogen

Liste ausgewählter unregelmäßiger Verben

Verben von fliehen bis kriechen

Infinitiv	Präsens 3. Person Singular	Präteritum 3. Person Singular	Partizip II
fliehen	flieht	floh	geflohen
fließen	fließt	floss	geflossen
fressen	frisst	fraß	gefressen
frieren	friert	fror	gefroren
gebären	gebiert	gebar	geboren
geben	gibt	gab	gegeben
gehen	geht	ging	gegangen
gelingen	gelingt	gelang	gelungen
genießen	genießt	genoss	genossen
geschehen	geschieht	geschah	geschehen
gewinnen	gewinnt	gewann	gewonnen
gießen	gießt	goss	gegossen
gleichen	gleicht	glich	geglichen
graben	gräbt	grub	gegraben
greifen	greift	griff	gegriffen
haben	hat	hatte	gehabt
halten	hält	hielt	gehalten
hängen	hängt	hing	gehängt/gehangen
heben	hebt	hob	gehoben
heißen	heißt	hieß	geheißen
helfen	hilft	half	geholfen
kennen	kennt	kannte	gekannt
klingen	klingt	klang	geklungen
kommen	kommt	kam	gekommen
können	kann	konnte	gekonnt
kriechen	kriecht	kroch	gekrochen

Liste ausgewählter unregelmäßiger Verben

Verben von laden bis scheißen

Infinitiv	Präsens 3. Person Singular	Präteritum 3. Person Singular	Partizip II
laden	lädt	lud	geladen
lassen	lässt	ließ	gelassen
laufen	läuft	lief	gelaufen
leiden	leidet	litt	gelitten
leihen	leiht	lieh	geliehen
lesen	liest	las	gelesen
liegen	liegt	lag	gelegen
lügen	lügt	log	gelogen
meiden	meidet	mied	gemieden
messen	misst	maß	gemessen
misslingen	misslingt	misslang	misslungen
mögen	mag	mochte	gemocht
müssen	muss	musste	gemusst
nehmen	nimmt	nahm	genommen
nennen	nennt	nannte	genannt
pfeifen	pfeift	pfiff	gepfiffen
raten	rät	riet	geraten
reißen	reißt	riss	gerissen
reiten	reitet	ritt	geritten
rennen	rennt	rannte	gerannt
riechen	riecht	roch	gerochen
rufen	ruft	rief	gerufen
saufen	säuft	soff	gesoffen
scheiden	scheidet	schied	geschieden
scheinen	scheint	schien	geschienen
scheißen	scheißt	schiss	geschissen

Liste ausgewählter unregelmäßiger Verben

Verben von schieben bis stehen

Infinitiv	Präsens 3. Person Singular	Präteritum 3. Person Singular	Partizip II
schieben	schiebt	schob	geschoben
schießen	schießt	schoss	geschossen
schlafen	schläft	schlief	geschlafen
schlagen	schlägt	schlug	geschlagen
schleichen	schleicht	schlich	geschlichen
schließen	schließt	schloss	geschlossen
schmeißen	schmeißt	schmiss	geschmissen
schneiden	schneidet	schnitt	geschnitten
schreiben	schreibt	schrieb	geschrieben
schreien	schreit	schrie	geschrien
schreiten	schreitet	schritt	geschritten
schweigen	schweigt	schwieg	geschwiegen
schwellen	schwillt	schwoll	geschwollen
schwimmen	schwimmt	schwamm	geschwommen
schwören	schwört	schwor	geschworen
sehen	sieht	sah	gesehen
sein	ist	war	gewesen
senden	sendet	sandte	gesandt
singen	singt	sang	gesungen
sinken	sinkt	sank	gesunken
sitzen	sitzt	saß	gesessen
spinnen	spinnt	spann	gesponnen
sprechen	spricht	sprach	gesprochen
springen	springt	sprang	gesprungen
stechen	sticht	stach	gestochen
stehen	steht	stand	gestanden

Liste ausgewählter unregelmäßiger Verben

Verben von stehlen bis zwingen

Infinitiv	Präsens 3. Person Singular	Präteritum 3. Person Singular	Partizip II
stehlen	stiehlt	stahl	gestohlen
steigen	steigt	stieg	gestiegen
sterben	stirbt	starb	gestorben
stinken	stinkt	stank	gestunken
stoßen	stößt	stieß	gestoßen
streichen	streicht	strich	gestrichen
streiten	streitet	stritt	gestritten
tragen	trägt	trug	getragen
treffen	trifft	traf	getroffen
trinken	trinkt	trank	getrunken
tun	tut	tat	getan
verderben	verdirbt	verdarb	verdorben
vergessen	vergisst	vergaß	vergessen
verlieren	verliert	verlor	verloren
wachsen	wächst	wuchs	gewachsen
weben	webt	wob	gewoben
weisen	weist	wies	gewiesen
sich wenden an	wendet sich an	wandte sich an	gewandt
werben	wirbt	warb	geworben
werden	wird	wurde	geworden
werfen	wirft	warf	geworfen
wiegen	wiegt	wog	gewogen
wissen	weiß	wusste	gewusst
wollen	will	wollte	gewollt
ziehen	zieht	zog	gezogen
zwingen	zwingt	zwang	gezwungen

Deklinieren AB 1

Den richtigen Artikel finden

1. Finde heraus, welche Nomen in der Wortschlange stecken.
   a) Trenne sie durch Striche voneinander.
   b) Schreibe die gefundenen Wörter mit ihrem bestimmten Artikel *(der, die, das)* auf. Vergiss dabei nicht, die Nomen großzuschreiben.

   Beispiel: Stiftlamperad ▷ Stift/lampe/rad ▷ der Stift, die Lampe, das Rad

ampelkoffertannemädchenkistebusflugzeugtorkorbmaschinekarton

_____

_____

_____

2. Die Silben der folgenden Wörter sind durcheinandergeraten.
   a) Bringe sie in die richtige Reihenfolge.
   b) Schreibe die einzelnen Wörter mit ihrem bestimmten Artikel unter die Silben.
   c) Schreibe die Nomen groß.
   d) Beachte bei den Artikeln, dass für das Geschlecht des Nomens immer der letzte Bestandteil des Wortes ausschlaggebend ist.

   Beispiel: gar– kin – ten – der ▷ Kindergarten ▷ der Kindergarten

   mer – wohn - zim   ta – schul – sche   der – men – rah – bil

   _____   _____   _____

   nen – baum – tan   se – ter – do – but   ei – fall – mer - ab

   _____   _____   _____

Deklinieren — AB 2

Den richtigen Artikel finden

Manche Nomen können mit zwei verschiedenen Artikeln stehen.
Je nach Artikel ändert sich ihre Bedeutung.

a) Betrachte auf den Bildern die einander gegenübergestellten Dinge und suche aus dem Kasten das Nomen heraus, das beide Dinge bezeichnet.
b) Schreibe das Nomen mit den verschiedenen Artikeln entsprechend der Nummerierung unter das Bild.

See ◆ Schild ◆ Kiefer ◆ Junge ◆ Band

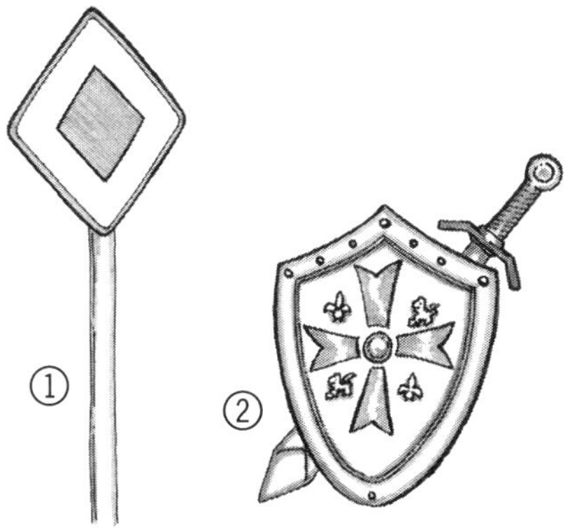

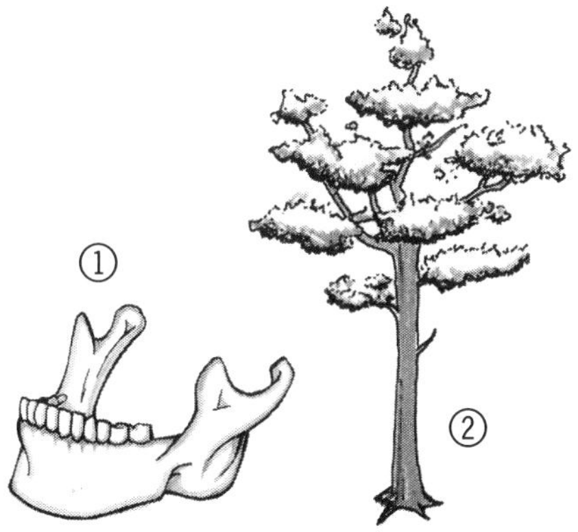

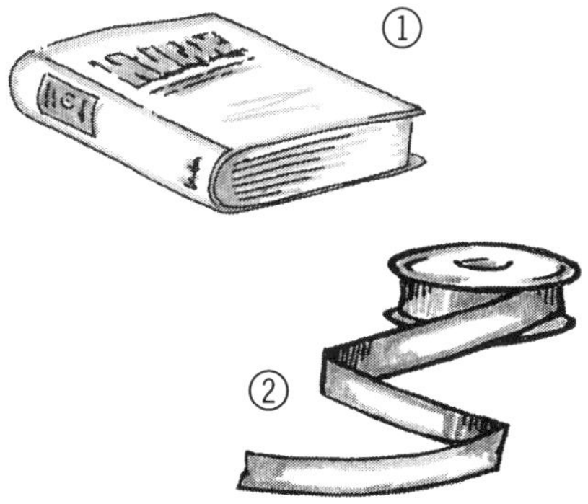

Deklinieren AB 3

Den richtigen Plural finden

Wie du der Tabelle entnehmen kannst, gibt es acht verschiedene Arten den Plural zu bilden.

a) Ordne die Wörter aus dem Kasten nach ihrer Art der Pluralbildung.
b) Trage sie in die passende Spalte der Tabelle ein.
   Hinweis: Im Kasten stehen die Wörter in Klammern in der Singularform.

> Omas (die Oma) ♦ Kinder (das Kind) ♦ Tiere (das Tier) ♦ Mauern (die Mauer) ♦
> Bilder (das Bild) ♦ Lehrerinnen (die Lehrerin) ♦ Speisen (die Speise) ♦
> Hindernisse (das Hindernis) ♦ Schülerinnen (die Schülerin) ♦ Büros (das Büro) ♦
> die Tunnel (der Tunnel) ♦ Hunde (der Hund) ♦ Katzen (die Katze) ♦ Busse (der Bus) ♦
> Taxis (das Taxi) ♦ Meinungen (die Meinung) ♦ Salate (der Salat) ♦
> Dummheiten (die Dummheit) ♦ die Lehrer (der Lehrer) ♦ Taten (die Tat)

Pluralbildung durch	Beispiel	weitere Beispiele
① Endung **-e**	Spiel**e** von das Spiel	
② Endung **-se**	Zeugnis**se** von das Zeugnis	
③ Endung **-n**	Treppe**n** von die Treppe	
④ Endung **-en**	Frau**en** von die Frau	
⑤ Endung **-nen**	Freundin**nen** von die Freundin	
⑥ Endung **-er**	Feld**er** von das Feld	
⑦ Endung **-s**	Auto**s** von das Auto	
⑧ keine Endung	die Essen von das Essen	

Deklinieren AB 4

Den richtigen Plural finden

Bei manchen Wörtern wird bei der Pluralbildung neben der Endung auch der Vokal in der Stammsilbe in einen Umlaut verändert.

Beispiel: Das „o" in der Frosch verwandelt sich in „ö" bei die Frösche.

Ergänze bei den Wörtern in der Tabelle die Umlaute und Endungen.

① Umlaut und Endung -e   *Beispiel: der Frosch ▷ die Frösche*

die Hand – die H__nd__ , der Fuß – die F__ß__ , der Kopf – die K__pf__ ,

der Ball – die B__ll__ , die Faust – die F__ust__ , der Duft – die D__ft__

② Umlaut und Endung -er   *Beispiel: der Wald ▷ die Wälder*

das Blatt – die Bl__tt__ , der Rand – die R__nd__ , das Volk – die V__lk__ ,

der Mund – die M__nd__ , das Holz – die H__lz__ , das Glas – die Gl__s__ ,

das Dorf – die D__rf__

③ Umlaut ohne Endung   *Beispiel: der Apfel ▷ die Äpfel*

der Ofen – die __fen , der Boden – die B__den,

die Großmutter – die Großm__tter,

der Vater – die V__ter , der Bruder – die Br__der,

der Mantel – die M__ntel

Deklinieren AB 5

Den richtigen Plural finden

Bei den folgenden Wörtern sind die Buchstaben durcheinandergeraten.
Ordne sie und schreibe das Wort in der Singular- und Pluralform darunter.

① e h n c M s

der _____

die _____

② e G t a r n

der _____

die _____

③ l e m p A

die _____

die _____

④ n i e B e

die _____

die _____

⑤ c h M d ä n e

das _____

die _____

⑥ t g Z u n e i

die _____

die _____

⑦ u a s M

die _____

die _____

⑧ s i n e g u Z

das _____

die _____

⑨ d n i R

das _____

die _____

⑩ L e p m a

die _____

die _____

⑪ d e b ä u G e

das _____

die _____

⑫ t i n S t e d u n

die _____

die _____

Deklinieren AB 6

Artikel mit Nomen

Ergänze die Lückentexte mithilfe der Wörter aus den Kästen.

a) Männliche Nomen und der bestimmte Artikel

> Die Hunde ♦ dem Hund ♦ der Hunde ♦ den Hund ♦ den Hunden ♦
> Der Hund ♦ die Hunde ♦ des Hundes

① _____ *(wer oder was?)* ist niedlich.

② Die Augen _____ *(wessen?)* blicken so treu.

③ Deshalb habe ich _____ *(wem?)* ein Zuhause gegeben und

_____ *(wen oder was?)* aus dem Tierheim mitgenommen.

④ _____ *(wer oder was?)* dort suchten alle Kontakt und die

Schwänze _____ *(wessen?)* wedelten freudig.

⑤ Am liebsten hätte ich _____ *(wem?)* alle Aufmerksamkeit

geschenkt und _____ *(wen oder was?)* alle nacheinander

gestreichelt.

b) Männliche Nomen und der unbestimmte Artikel

> einem Hund ♦ Ein Hund ♦ einen Hund ♦ eines Hundes

① _____ *(wer oder was?)* ist ein treuer Begleiter, aber das Gebell

_____ *(wessen?)* kann manchmal störend sein.

② Trotzdem würde ich gerne _____ *(wem?)* ein Zuhause geben und

_____ *(wen oder was?)* in mein Haus aufnehmen.

Deklinieren — AB 7

Artikel mit Nomen

Ergänze die Lückentexte mithilfe der Wörter aus den Kästen.

a) Weibliche Nomen und der bestimmte Artikel

> der Katzen ♦ Die Katze ♦ der Katze ♦ die Katzen ♦ der Katze ♦
> den Katzen ♦ die Katze ♦ die Katzen

① _____ (wer oder was?) liegt schon lange im Garten.

② Das Fell _____ (wessen?) glänzt in der Sonne.

③ Ich werde _____ (wem?) bald Futter geben.

④ Doch vorher werde ich _____ (wen oder was?) streicheln.

⑤ Denn _____ (wer oder was?), die zu uns kommen, wollen immer gestreichelt werden.

⑥ Und ich liebe das Schnurren _____ (wessen?) sehr.

⑦ Außerdem gebe ich _____ (wem?) gerne einen Leckerbissen.

⑧ Denn ich habe _____ (wen oder was?) gern auf dem Grundstück.

b) Weibliche Nomen und der unbestimmte Artikel

> einer Katze ♦ eine Katze ♦ Eine Katze ♦ einer Katze

① _____ (wer oder was?) ist ein wunderbares Haustier.

② Das Leben _____ (wessen?) kann 15 Jahre dauern.

③ Ich schenke gerne _____ (wem?) mein Herz

und hole mir _____ (wen oder was?) aus dem Tierheim.

Deklinieren AB 8

Artikel mit Nomen

Ergänze die Lückentexte mithilfe der Wörter aus den Kästen.

a) Sächliche Nomen mit bestimmtem Artikel

> Den Häusern ♦ das Haus ♦ die Häuser ♦ dem Haus ♦ der Häuser ♦
> Die Häuser ♦ Das Haus ♦ des Hauses

① _____ (wer oder was?) ist alt.

② Die Fassade _____ (wessen?) ist grau.

③ Man müsste _____ (wem?) einen neuen Anstrich geben und

_____ (wen oder was?) in neuem Glanz erstrahlen lassen.

④ _____ (wer oder was?) nebenan sind genauso grau.

⑤ Der Putz bröckelt von den Fassaden _____ (wessen?).

⑥ _____ (wem?) müsste mehr Aufmerksamkeit geschenkt

werden und jemand müsste sich um _____ (wen oder was?)
kümmern.

b) Sächliche Nomen mit unbestimmtem Artikel

> einem Haus ♦ ein Haus ♦ eines Hauses ♦ Ein Haus

① _____ (wer oder was?) verschlingt viel Geld,

denn die Unterhaltung _____ (wessen?) ist nicht gerade billig.

② Trotzdem sollte man _____ (wem?) gegenüber einer Wohnung

den Vorzug geben, da man _____ (wen oder was?) jederzeit auch
wieder verkaufen kann.

Deklinieren — AB 9

Artikel mit Nomen

1. **Füge in die Satzlücken den bestimmten Artikel *(der, die, das)* in der richtigen Form ein.**

   a) Die Frau schaut _____ Mann in die Augen.

   b) Die Haare _____ Kindes sind braun.

   c) Die Augen _____ Frau sind verweint.

   d) Sie gibt _____ Mädchen Geld.

   e) Ich muss noch _____ beiden Koffer einladen.

   f) Ihm ist _____ Knopf von der Hose abgegangen.

   g) Sie packt _____ Hut ein.

   h) Die Gesichter _____ Zuschauer blicken erwartungsvoll zur Bühne.

   i) Sie sucht _____ Bücher.

   j) Die Klingel _____ Fahrrades ist kaputt.

   k) Er traut _____ Sache nicht.

2. **Füge in die Satzlücken den unbestimmten Artikel *(ein, eine, ein)* in der richtigen Form ein.**

   a) Sie erblickt _____ Eichhörnchen.

   b) _____ Fremden zu glauben, ist nicht einfach.

   c) Sie wurde Zeugin _____ Unfalls.

   d) Die Frau schenkt ihm _____ Buch.

   e) Die Kinder stellten ihm _____ Falle.

   f) Er wurde Opfer _____ Verwechslung.

Deklinieren

AB 10

Artikel, Adjektiv und Nomen

Merke
Steht vor einem Adjektiv mit Nomen der bestimmte Artikel *(der, die, das)*, dann hat das Adjektiv im Plural immer und im Singular meistens die Endung -en. Nur beim männlichen, weiblichen und sächlichen Nominativ Singular sowie beim weiblichen und sächlichen Akkusativ Singular tritt die Endung -e auf.

Ergänze die Endungen in den Tabellen nach dieser Regel.
Die Artikel vor den Adjektiven helfen dir dabei.

Beispiel: *Dativ Singular weiblich* ▷ *Endung -en* ▷ *der alten Dame*
Akkusativ Singular weiblich ▷ *Endung -e* ▷ *die alte Dame*

Singular

	männlich	weiblich	sächlich
Nominativ *Wer oder was?*	der alt___ Mann	die klug___ Frau	das klein___ Kind
Genitiv *Wessen?*	des alt___ Mannes	der klug___ Frau	des klein___ Kindes
Dativ *Wem?*	dem alt___ Mann	der klug___ Frau	dem klein___ Kind
Akkusativ *Wen oder was?*	den alt___ Mann	die klug___ Frau	das klein___ Kind

Plural

	männlich	weiblich	sächlich
Nominativ *Wer oder was?*	die alt___ Männer	die klug___ Frauen	die klein___ Kinder
Genitiv *Wessen?*	der alt___ Männer	der klug___ Frauen	der klein___ Kinder
Dativ *Wem?*	den alt___ Männern	den klug___ Frauen	den klein___ Kindern
Akkusativ *Wen oder was?*	die alt___ Männer	die klug___ Frauen	die klein___ Kinder

Deklinieren   AB 11

Artikel, Adjektiv und Nomen

Überlege, welches Adjektiv aus dem Kasten inhaltlich zu welchem Satz passt und schreibe es in der richtigen Form in die Lücke.

> krank ◆ dreckig ◆ alt ◆ blau ◆ neugierig ◆ sonnig ◆ heftig ◆ getigert ◆ groß ◆ hölzern ◆ behindert ◆ wütend ◆ klein ◆ vornehm

a) Die _____ Frau hat graue Haare.

b) In den _____ Ferien verreisen wir in den _____ Süden.

c) Der Arzt verschrieb der _____ Frau Tabletten.

d) Die _____ Weintrauben waren ausverkauft.

e) Die _____ Katze jagte dem _____ Kind einen Schrecken ein.

f) Er spülte das _____ Geschirr mit Wasser.

g) Die Schuhe der _____ Frau sahen teuer aus.

h) Gestern habe ich die _____ Frau im Rollstuhl gesehen.

i) Der Schaden nach dem _____ Unwetter war nicht gering.

j) Die Balken des _____ Stegs waren morsch.

k) Die _____ Nachbarin verfolgte das Geschehen von ihrem Fenster genau.

l) Die Hände des _____ Mannes ballten sich zu Fäusten.

Deklinieren AB 12

Artikel, Adjektiv und Nomen

Merke
Bei Nomen und Adjektiven mit unbestimmten Artikeln *(ein, eine, ein)* wird das Adjektiv anders dekliniert als beim bestimmten Artikel *(der, die, das)*.

Suche die passenden Wortbausteine aus den Kästen und schreibe sie in die Satzlücken. Was zusammenpasst, erkennst du an der Form des Artikels im Lückentext und an der Form des Nomens im Kasten.

schlanken Mannes ♦ schlanken Mann ♦ schlanker Mann ♦ schlanken Mann

a) Ein _____ geht die Straße entlang.

Das Aussehen eines _____ zieht die Blicke der Frauen an.

Frauen verfallen gern einem _____ .

Am liebsten heiraten die Frauen alle einen _____ .

kleinen Maus ♦ kleine Maus ♦ kleine Maus ♦ kleinen Maus

b) Eine _____ ist ein tolles Haustier.

Die Ansprüche einer _____ sind in der Regel gering.

Normalerweise reicht es einer _____, wenn sie etwas Liebe bekommt.

Meistens befriedigt etwas Futter eine _____ schnell.

klugen Kind ♦ kluges Kind ♦ kluges Kind ♦ klugen Kindes

c) Ein _____ bringt den Eltern Ansehen,

denn die Intelligenz eines _____ ist hoch.

Niemand aus der Verwandtschaft kann es einem _____ gleichtun,

aber jeder möchte ein _____ haben.

Deklinieren

Artikel, Adjektiv und Nomen

Ergänze die fehlenden Endungen bei den Adjektiven.

① Eine jung___ Frau und ein klein___ Kind laufen eine lang___ Straße entlang. ② Die Frau trägt einen gefüllt___ Korb. ③ Sie müht sich sichtlich ab mit dem prall gefüllt___ Korb. ④ Das klein___ Kind neben ihr quengelt. ⑤ Als die beiden an einem prächtig___ Haus mit einem groß___ Fenster vorbeikommen, reißt sich das unzufrieden___ Kind plötzlich von der Hand der fürsorglich___ Mutter los und versucht, in Richtung der viel befahren___ Straße zu rennen. ⑥ Die schwer bepackt___ Mutter kann das unbedacht___ Kind gerade noch zurückhalten. ⑦ Doch dabei fällt ihr der prall gefüllt___ Korb herunter und der Inhalt, die vorher eingekauft___ Lebensmittel, purzelt auf den schmutzig___ Bürgersteig. ⑧ Die neugierig___ Frau, die hinter dem groß___ Fenster steht, kann den Blick nicht von der interessant___ Szene draußen lassen. ⑨ Der Gedanke, der arm___ Frau draußen zu helfen, kommt ihr nicht. ⑩ Stattdessen schaut sie seelenruhig zu, wie die bedauernswert___ Frau, die das klein___ Kind mit einer Hand festhält, mit der anderen Hand die Lebensmittel von dem dreckig___ Bürgersteig wieder einsammelt, während auf der Straße die teur___ Autos vorbeibrausen. ⑪ Warum sollte die Frau da drinnen auch Mitleid mit der jung___ Frau da draußen haben? ⑫ Auf einmal fällt ihr die Tasse mit dem heiß___ Tee um. ⑬ Ein heftig___ Schmerz durchzuckt ihren alt___ Körper und sie stürzt auf den sauber___ Teppich. „Warum hilft mir keiner?", denkt sie.

Deklinieren

Nomen und Possessivpronomen

Merke
Possessivpronomen *(mein, dein, sein, ihr, unser und euer)* werden im Singular wie der unbestimmte Artikel *ein* dekliniert.

a) Finde für das Possessivpronomen *mein* die richtigen Formen heraus.
b) Bringe die durcheinandergeratenen Buchstaben in den Klammern in die richtige Reihenfolge und schreibe auf.

	Singular männlich	**Plural männlich**
Nominativ *Wer oder was?*	(e m i n) _____ Hund	(m e n e i) _____ Hunde
Genitiv *Wessen?*	(s e n e i m) _____ Hundes	(e r i n e m) _____ Hunde
Dativ *Wem?*	(m e m e i n) _____ Hund	(n e i m e n) _____ Hunden
Akkusativ *Wen oder was?*	(n e i m e n) _____ Hund	(n e m e i) _____ Hunde

	Singular weiblich	**Singular sächlich**
Nominativ *Wer oder was?*	(e i m e n) _____ Katze	(n e m i) _____ Kind
Genitiv *Wessen?*	(m e n e i r) _____ Katze	(m e n e s i) _____ Kindes
Dativ *Wem?*	(m e n e r i) _____ Katze	(m e n e i m) _____ Kind
Akkusativ *Wen oder was?*	(n e m e i) _____ Katze	(n e i m) _____ Kind

Merke
Die Formen des weiblichen und sächlichen Plurals entsprechen den Formen des männlichen Plurals.

Deklinieren

Nomen und Possessivpronomen

Setze die Possessivpronomen in der richtigen Form in die Lücken ein.

a) *(Mein)* _____ Katzen sind niedlich.

b) Der Flur *(unser)* _____ Wohnung ist dunkel.

c) Das Fell *(ihr)* _____ Hundes ist schwarz.

d) Ich habe *(mein)* _____ Mutter ein Buch zu Weihnachten geschenkt.

e) Der Reifen *(sein)* _____ Fahrrades ist kaputt.

f) Ich weiß *(euer)* _____ Adresse nicht.

g) Der Mann *(dein)* _____ Schwester ist ganz schön nervig.

h) Wir haben *(unser)* _____ Autos vor dem Rathaus geparkt.

i) Die Träger *(mein)* _____ Rucksacks sind rot.

j) *(Dein)* _____ Ohrringe sind schön.

k) Die Schnürsenkel *(mein)* _____ Schuhe halten schlecht.

l) Sie suchen *(ihr)* _____ Jacken.

m) Wir schenken *(unser)* _____ Tante einen Kasten Pralinen.

n) Sie mögen *(sein)* _____ Vater nicht.

Deklinieren

AB 16

Possessivpronomen, Adjektiv und Nomen

Merke
Adjektive, die zusammen mit einem Possessivpronomen *(mein, dein, sein, ihr, unser, euer)* und einem Nomen auftreten, werden im Singular wie bei dem unbestimmten Artikel *ein* dekliniert.
Im Plural haben die Adjektive immer die Endung -en.

Füge das Adjektiv „klug" in der richtigen Form in die Tabellen ein.

	Singular männlich	Plural männlich
Nominativ *Wer oder was?*	mein _____ Kater	meine _____ Kater
Genitiv *Wessen?*	meines _____ Katers	meiner _____ Kater
Dativ *Wem?*	meinem _____ Kater	meinen _____ Katern
Akkusativ *Wen oder was?*	meinen _____ Kater	meine _____ Kater

	Singular weiblich	Singular sächlich
Nominativ *Wer oder was?*	meine _____ Katze	mein _____ Tier
Genitiv *Wessen?*	meiner _____ Katze	meines _____ Tieres
Dativ *Wem?*	meiner _____ Katze	meinem _____ Tier
Akkusativ *Wen oder was?*	meine _____ Katze	mein _____ Tier

Deklinieren

AB 17

Possessivpronomen, Adjektiv und Nomen

Welches Adjektiv aus dem Kasten passt zu welchem Satz? Schreibe es in der richtigen Form in die Lücke.

> verdient ◆ laut ◆ kaputt ◆ schnell ◆ rund ◆ ungeteilt ◆ verunglückt ◆ alt ◆ jünger ◆ neu

a) Sie bringt ihre _____ Tasche zur Reparatur.

b) Morgen besuchen wir meinen _____ Bruder.

c) Die Zeiger deiner _____ Wohnzimmeruhr sind stehen geblieben.

d) Euer _____ Haus ist schön.

e) Wir freuen uns auf unseren _____ Feierabend.

f) Da ich mir ein neues Fahrrad gekauft habe, habe ich mein _____ Fahrrad verkauft.

g) Ich möchte mich bei euch für eure _____ Aufmerksamkeit bedanken.

h) Das Geschrei deiner _____ Kinder stört mich.

i) Vielen Dank für dein _____ Kommen.

j) Seinem _____ Kameraden war leider nicht zu helfen.

Deklinieren AB 18

Nomen und Demonstrativpronomen

Unterstreiche in dem folgenden Text alle Formen des Demonstrativpronomens *dieser*, *diese* und *dieses* und verbinde sie mit dem dazugehörigen Nomen.

Merke
Die Formen des weiblichen und sächlichen Plurals entsprechen den Formen des männlichen Plurals.

a) Dieser Mann kommt aus Berlin. *(wer oder was?)*

b) Die Hände dieses Mannes sind abgearbeitet. *(wessen?)*

c) Die Sonne scheint diesem Mann zugesetzt zu haben, denn ihm laufen Schweißperlen über die Stirn. *(wem?)*

d) Sein Arbeitgeber muss diesen Mann zu schwerer Arbeit verdonnert haben. *(wen oder was?)*

e) Auch diese Männer haben schwer geschuftet. *(wer oder was?)*

f) Die Kleider dieser Männer sind schweißdurchtränkt. *(wessen?)*

g) Die zwei Bäume hier haben diesen Männern offenbar keinen Schutz vor der Sonne geboten. *(wem oder was?)*

h) Die Sonne hat diese beiden Männer wahrscheinlich den ganzen Tag ohne Unterlass bestrahlt. *(wen oder was?)*

i) Diese Frau hat *(wer oder was?)* genauso gearbeitet wie die Männer, denn das Kleid dieser Frau sieht ebenfalls nicht mehr frisch aus. *(wessen?)*

j) Der heiße Tag hat dieser Frau auch zugesetzt *(wem oder was?)*, doch die Männer freuen sich trotzdem darüber, diese Frau zu sehen, *(wen oder was?)* die die von ihnen neu geteerte Straße begutachtet.

k) Dieses Kind ist ebenfalls zur Baustelle gekommen. *(wer oder was?)*

l) Die Augen dieses Kindes gucken neugierig. *(wessen?)*

m) Wie die Männer das alles gemacht haben, ist diesem Kind nicht klar. *(wem oder was?)*

n) Für dieses Kind stellt sich vor allem die Frage, warum die Männer bei solcher Hitze arbeiten. *(wen oder was?)*

Deklinieren

Nomen und Demonstrativpronomen

Welches Demonstrativpronomen *(dieser, diese, dieses)* passt? Schreibe es in die Lücken.

a) _____ Roller gibt es nur hier zu kaufen.

b) Wie konntest du nur _____ Personen deinen Schlüssel anvertrauen?

c) _____ Fest soll in der Gartenlaube stattfinden.

d) Die Mutter _____ Kinder ist Apothekerin.

e) Zu _____ Veranstaltung soll auch der Bürgermeister kommen.

f) Kannst du _____ Buch morgen mitbringen?

g) Das Verhalten _____ Jungen ist katastrophal.

h) _____ Steckdose ist kaputt.

i) _____ Kindern fehlt es an Zuneigung.

j) Die Augen _____ Hundes gucken treu.

k) _____ Kekse musst du unbedingt probieren.

l) Die Spitzen _____ Bleistifte sind abgebrochen.

m) _____ Jungen dürfen hier Fußball spielen.

n) Das Fell _____ Hundes ist ganz weich.

Deklinieren

Demonstrativpronomen, Adjektiv und Nomen

Merke
Tritt ein Adjektiv zwischen ein Demonstrativpronomen (*dieser, diese, dieses*) und Nomen, so wird das Adjektiv so dekliniert wie beim bestimmten Artikel. Es trägt in fast allen Formen die Endung **-en**. Nur im Nominativ Singular und bei dem weiblichen und sächlichen Akkusativ im Singular wird stattdessen **-e** angehängt.

Ergänze die Lücken in den Tabellen.

	Singular männlich	Plural männlich
Nominativ *Wer oder was?*	dieser jung___ Mann	diese jung___ Männer
Genitiv *Wessen?*	dieses jung___ Mannes	dieser jung___ Männer
Dativ *Wem?*	diesem jung___ Mann	diesen jung___ Männern
Akkusativ *Wen oder was?*	diesen jung___ Mann	diese jung___ Männer

	Singular weiblich	Singular sächlich
Nominativ *Wer oder was?*	diese jung___ Frau	dieses jung___ Tier
Genitiv *Wessen?*	dieser jung___ Frau	dieses jung___ Tieres
Dativ *Wem?*	dieser jung___ Frau	diesem jung___ Tier
Akkusativ *Wen oder was?*	diese jung___ Frau	dieses jung___ Tier

Deklinieren

AB 21

Demonstrativpronomen, Adjektiv und Nomen

Welches der Adjektive passt zu welchem Satz? Trage das Adjektiv in der richtigen Form in die Lücken ein.

> nass ♦ hungrig ♦ leicht ♦ betrunken ♦ frech ♦ unheimlich ♦
> preiswert ♦ laut ♦ selbstgebacken ♦ kaputt

a) Er schmiss diesen _____ Schüler hinaus.

b) Sie gab diesem _____ Hund Futter.

c) Die Hausmeisterin hat dieses _____ Fahrrad zum Sperrmüll gestellt.

d) Felix fand die Lösung dieses _____ Rätsels schnell.

e) Dieser _____ Kuchen schmeckte allen gut.

f) Er hatte Angst vor diesen _____ Geräuschen.

g) Ich habe dieses _____ Handtuch schon zum Trocknen aufgehängt.

h) Tom ist genervt von dieser _____ Musik.

i) Der Lärm dieser _____ Männer mit Bier in der Hand ist unmöglich.

j) Frau Huber war schnell überzeugt von diesem _____ Angebot.

Unregelmäßige Verben konjugieren — AB 1

Das Präsens unregelmäßiger Verben

Merke
Im Präsens ändern die unregelmäßigen Verben ihren Vokal in der zweiten und dritten Person Singular, bei *du* und *er/sie/es*. Bei den unregelmäßigen Verben mit dem Vokal *a* im Infinitiv verwandelt sich dabei das *a* in den Umlaut *ä*.

Beispiel: raten ▷ du rätst und er/sie/es rät

Wandle nach dieser Regel die in Klammern stehende Infinitivform in die Form der dritten Person Singular um und schreibe sie auf.

a) Papa _____ (backen) Rührkuchen.

b) Unser Hund _____ (saufen) Milch und _____ (vergraben) dann seinen Knochen.

c) Der Wind _____ (blasen) um die Ecken, sodass ein Apfel vom Baum herunter- _____ (fallen).

d) Nils _____ (halten) vor der Ampel an.

e) Wenn unsere Katze nicht _____ (schlafen), _____ (fangen) sie Mäuse.

f) Der Baum _____ (wachsen) schnell.

g) Herr Meier _____ (fahren) nach Hause und _____ (tragen) den Einkauf ins Haus.

h) Er _____ (lassen) mich nicht helfen und _____ (waschen) das Geschirr alleine.

i) Martin _____ (braten) ein Hähnchen und _____ (laden) uns ein.

Unregelmäßige Verben konjugieren AB 2

Das Präsens unregelmäßiger Verben

Merke
Im Präsens ändern die unregelmäßigen Verben ihren Vokal in der zweiten und dritten Person Singular bei *du* und *er/sie/es*. Bei vielen unregelmäßigen Verben mit dem Vokal **e** im Infinitiv verwandelt sich dabei der Vokal **e** in den Vokal **i**.

Beispiel: helfen ▷ du hilfst und er/sie/es hilft

Wandle die in Klammern stehende Infinitivform nach dieser Regel in die Präsensform für die dritte Person Singular um.

a) Er _____ *(nehmen)* sich eine Tomate und _____ *(essen)* sie.

b) Nach einem Insektenstich _____ *(schwellen)* die Hand stark an.

c) Dieses Vorgehen _____ *(bergen)* Risiken.

d) Er _____ *(sprechen)* und _____ *(treffen)* sich nicht mehr mit mir.

e) Das Meerschweinchen _____ *(fressen)* sein Futter.

f) Frühes Aufstehen _____ *(verderben)* ihr die Laune.

g) Sie _____ *(brechen)* das Brot entzwei.

h) Julia _____ *(flechten)* Armbänder und _____ *(vergessen)* dabei ihre Hausaufgaben zu machen.

i) Er _____ *(werben)* zuerst für das Produkt und _____ *(werfen)* es dann aus dem Fenster.

j) Dieses Thermometer _____ *(messen)* die Außentemperatur.

k) Sie _____ *(fechten)* zuerst einen heftigen Kampf aus und _____ *(sterben)* dann langsam.

Unregelmäßige Verben konjugieren — AB 3

Das Präsens unregelmäßiger Verben

Merke
Im Präsens ändern die unregelmäßigen Verben ihren Vokal in der zweiten und dritten Person Singular bei *du* und *er/sie/es*.

Suche aus dem Kasten die Präsensform heraus, die zu dem Infinitiv in Klammern passt. Schreibe sie auf.

> weiß ♦ gebiert ♦ will ♦ sieht ♦ stößt ♦ geschieht ♦ kann ♦ empfiehlt ♦ erlischt ♦ liest ♦ befiehlt ♦ mag ♦ ist ♦ stiehlt

a) Nicole _____ *(mögen)* keine Schlagsahne.

b) Es _____ *(geschehen)* ganz plötzlich.

c) Robert _____ *(wissen)* alles.

d) Sie _____ *(stoßen)* ihn in den Abgrund.

e) Der Arzt _____ *(empfehlen)* Bettruhe.

f) Sina _____ *(wollen)* nach Berlin fahren.

g) Die Mutter _____ *(gebären)* das Kind.

h) Er _____ *(können)* nicht anders und _____ *(stehlen)* das Geld.

i) Sie _____ *(sehen)* den Wald vor Bäumen nicht.

j) Johannes _____ *(sein)* wütend und _____ *(befehlen)* seinen Kindern leise zu sein.

k) Das Feuer _____ *(erlöschen)* schnell.

l) Er _____ *(lesen)* gern Bücher.

Unregelmäßige Verben konjugieren — AB 4

Das Präsens unregelmäßiger Verben

Füge in den Text die Präsensformen der in Klammern stehenden Verben ein. Verwende die dritte Person Singular *(er/sie/es-Form).*

Achtung: Nicht alle Verben im Text sind unregelmäßig.

① Während seine Frau _____ *(schlafen),* _____ *(stehen)* Herr Arnold leise auf und _____ *(verlassen)* das Haus. ② Schnellen Schrittes _____ *(laufen)* er bis zum Marktplatz und _____ *(treffen)* dort eine Frau, die schon auf ihn _____ *(warten).* ③ Die Rathausuhr _____ *(schlagen)* gerade Mitternacht. ④ Diese Frau _____ *(sprechen)* ihn an und _____ *(laden)* ihn in eine Kneipe ein. ⑤ Herr Arnold _____ *(können)* ihrer Aufforderung nicht widerstehen und _____ *(folgen)* der Frau bereitwillig, obwohl ihm sein Verstand anderes _____ *(raten).* ⑥ Doch Herr Arnold _____ *(vergessen)* alles andere und sein Begehren nach der schönen Frau _____ *(wachsen).* ⑦ Im Grunde _____ *(wissen)* er, dass er seine Frau _____ *(betrügen),* doch er _____ *(wollen)* dies nicht wahrhaben. ⑧ Stattdessen _____ *(werben)* er um die schöne Frau und _____ *(verbringen)* einen netten späten Abend mit ihr, bevor er wieder nach Hause _____ *(aufbrechen).* ⑨ Beim Herausgehen aus der Kneipe _____ *(stoßen)* er sich noch ordentlich am Kopf, sodass seine Stirn _____ *(anschwellen).* ⑩ Doch weiter _____ *(geschehen)* nichts Besonderes mehr und er _____ *(vergraben)* sich unentdeckt unter seiner Bettdecke, ohne dass seine Frau etwas _____ *(bemerken).*

Unregelmäßige Verben konjugieren — AB 5

Das Präteritum unregelmäßiger Verben

Suche aus dem Kasten die Präteritumform heraus, die zu den Infinitiven in der Klammer passt. Schreibe sie in die Lücken.

> schwieg ♦ aß ♦ vergaß ♦ fror ♦ rannte ♦ fand ♦ ließ ♦ fuhr ♦ sah ♦ lag ♦ wusste ♦
> half ♦ fiel ♦ blieb ♦ verlor ♦ ging ♦ biss ♦ lief ♦ bot ♦ schlief

a) Er _____ *(sehen)* sie und _____ *(rennen)* los.

b) Sie _____ *(beißen)* in ihr Brot und _____ *(bieten)* ihm auch eines an.

c) Udo _____ *(liegen)* auf dem Sofa und _____ *(essen)* Joghurt.

d) Opa _____ *(wissen)* von nichts und _____ *(verlieren)* die Geduld.

e) Er _____ *(fahren)* los und _____ *(vergessen)* die Geldbörse.

f) Sie _____ *(laufen)* zu ihrer Tante und _____ *(bleiben)* dort.

g) Es _____ *(fallen)* Schnee und Marvin _____ *(frieren)*.

h) Die Katze _____ *(schlafen)* und _____ *(lassen)* die Mäuse in Frieden.

i) Er _____ *(schweigen)* und _____ *(gehen)* weg.

j) Marina _____ *(helfen)* ihrer Mutter und _____ *(finden)* deren Schlüssel sofort.

Unregelmäßige Verben konjugieren — AB 6

Das Präteritum unregelmäßiger Verben

Suche die richtige Präteritumform zu den Infinitiven heraus.
Schreibe sie in die Lücken.

> schrieb • flog • ritt • nahm • sah • konnte • schoss • log • bat • traf •
> las • riet • hielt • zog • lud • floh • gewann • begann • sprang

a) Sie _____ *(nehmen)* den Brief und _____ *(lesen)* ihn.

b) Er _____ *(gewinnen)* bei der Verlosung und _____ *(springen)* vor Freude in die Luft.

c) Das Kind _____ *(fliehen)* und _____ *(beginnen)* zu weinen.

d) Julia _____ *(treffen)* Holger und _____ *(laden)* ihn zu sich ein.

e) Er _____ *(sehen)* sie kommen und _____ *(müssen)* lachen.

f) Lina _____ *(halten)* die Zügel fester und _____ *(reiten)* weiter.

g) Der Junge _____ *(können)* nicht anders und _____ *(lügen)* seinen Vater an.

h) Sie _____ *(schreiben)* auf, was ihre Mutter ihr _____ *(raten)*.

i) Seine Tante _____ *(bitten)* ihn mitzukommen und _____ *(ziehen)* ihre Jacke an.

j) Er _____ *(schießen)* den Ball und dieser _____ *(fliegen)* direkt ins Tor.

Unregelmäßige Verben konjugieren — AB 7

Das Präteritum unregelmäßiger Verben

Suche die richtige Präteritumform heraus und schreibe sie neben den Infinitiv in die Tabelle.

> erschrak ♦ schlug ♦ hieß ♦ trat ♦ dachte ♦ lieh ♦ wuchs ♦ kroch ♦ trank ♦ stand ♦ floss ♦ gab ♦ lud ♦ hatte ♦ rief ♦ durfte ♦ bog ♦ gebar ♦ riss ♦ war ♦ pfiff ♦ genoss ♦ stieg ♦ sang ♦ fing ♦ schlich ♦ brachte ♦ wusch ♦ saß ♦ stahl

Infinitiv	Präterium	Infinitiv	Präterium	Infinitiv	Präterium
laden ▷ er _____		waschen ▷ sie _____		genießen ▷ es _____	
sein ▷ er _____		geben ▷ sie _____		steigen ▷ es _____	
haben ▷ er _____		singen ▷ sie _____		fließen ▷ es _____	
schlagen ▷ er _____		rufen ▷ sie _____		fangen ▷ es _____	
schleichen ▷ er _____		bringen ▷ sie _____		pfeifen ▷ es _____	
kriechen ▷ er _____		gebären ▷ sie _____		biegen ▷ es _____	
sitzen ▷ er _____		erschrecken ▷ sie _____		reißen ▷ es _____	
wachsen ▷ er _____		leihen ▷ sie _____		stehlen ▷ es _____	
dürfen ▷ er _____		trinken ▷ sie _____		denken ▷ es _____	
heißen ▷ er _____		treten ▷ sie _____		stehen ▷ es _____	

Unregelmäßige Verben konjugieren — AB 8

Das Präteritum unregelmäßiger Verben

Ordne den Infinitiven aus dem oberen Kasten die Präteritumformen aus dem unteren Kasten zu. Schreibe sie so wie in dem Beispiel auf.

Beispiel: senden ▷ er/sie/es sandte

wiegen ♦ greifen ♦ gießen ♦ scheinen ♦ braten ♦ kommen ♦ riechen ♦ blasen ♦ brennen ♦ befehlen ♦ treiben ♦ brechen ♦ schieben ♦ schneiden ♦ messen ♦ meiden ♦ sinken ♦ leiden ♦ werfen ♦ zwingen ♦ sterben ♦ schwimmen ♦ stoßen ♦ hängen ♦ erlöschen ♦ graben ♦ empfehlen ♦ binden ♦ bergen ♦ stinken ♦ schmeißen ♦ streichen ♦ klingen ♦ stechen ♦ fressen ♦ verderben ♦ streiten

starb ♦ befahl ♦ mied ♦ stank ♦ zwang ♦ stieß ♦ klang ♦ griff ♦ kam ♦ maß ♦ hing ♦ blies ♦ fraß ♦ schwamm ♦ erlosch ♦ barg ♦ empfahl ♦ grub ♦ litt ♦ strich ♦ verdarb ♦ brach ♦ schob ♦ schnitt ♦ warf ♦ band ♦ stritt ♦ wog ♦ goss ♦ schien ♦ roch ♦ brannte ♦ trieb ♦ briet ♦ schmiss ♦ sank ♦ stach

Infinitiv	Präteritum – er/sie/es

Unregelmäßige Verben konjugieren — AB 8

Infinitiv	Präteritum – er/sie/es

Infinitiv	Präteritum – er/sie/es

Unregelmäßige Verben konjugieren — AB 9

Das Präteritum unregelmäßiger Verben

Füge in die folgende Geschichte die passenden Präteritumformen ein.
Schreibe sie neben die Infinitive in den Klammern.

Beispiel: kennen ▷ er kannte

① Neulich _____ *(scheinen)* schon seit morgens die Sonne, als Herr Buske fast den ganzen Tag in seinem Schrebergarten _____ *(verbringen)* und das schöne Wetter _____ *(genießen)*. ② Die Blumen _____ *(stehen)* in voller Pracht, am Apfelbaum _____ *(hängen)* Äpfel, die Tomatenpflanzen _____ *(wachsen)* durch die Sonnenbestrahlung in die Höhe und Vögel _____ *(fliegen)* über den Garten hinweg. ③ Währenddessen _____ *(graben)* Herr Buske das Mistbeet um. ④ Dabei _____ *(pfeifen)* er fröhliche Melodien. ⑤ Plötzlich _____ *(erschrecken)* er durch ein lautes Geräusch. ⑥ Sein Spaten _____ *(fallen)* ihm vor Schreck aus der Hand. ⑦ „Was ist dort im Schuppen nur los?", _____ *(denken)* er. ⑧ Sofort _____ *(lassen)* er den Spaten liegen und _____ *(rennen)* Richtung Schuppen. ⑨ Als er den Schuppen _____ *(betreten)*, _____ *(kommen)* ihm etwas Schwarzes entgegen, _____ *(schießen)* an seinen Beinen vorbei und _____ *(fliehen)* aus dem Schuppen. ⑩ Herr Buskes mitgebrachtes Pausenbrot _____ *(liegen)* auf der Erde und er _____ *(können)* die Wurst darauf nicht mehr erblicken. ⑪ So _____ *(bleiben)* Herrn Buske nichts anderes übrig, als auf sein geplantes Mittagsmahl zu verzichten, während der Wurstdieb, eine schwarze Katze, sich heimlich aus dem Garten _____ *(schleichen)*.

Unregelmäßige Verben konjugieren — AB 10

Das Perfekt unregelmäßiger Verben

Merke
Das Perfekt (eine weitere Vergangenheitsform) wird aus zwei Teilen gebildet, einer Verbform von **sein** oder **haben** im Präsens und dem Partizip Perfekt (Partizip II). Dabei bilden manche Verben ein unregelmäßiges Partizip Perfekt.

*Beispiel: er **ist** gelaufen, aber er **hat** getragen*

Füge in den folgenden Sätzen die fehlenden Partizipien Perfekt ein.
Unterstreiche die jeweilige Form der Hilfsverben sein oder haben.

> gebeten ◆ getrunken ◆ gewesen ◆ geholfen ◆ gegangen ◆ gewusst ◆
> eingegriffen ◆ genommen ◆ geworfen ◆ geschrien ◆ abgerissen ◆
> gesprochen ◆ gerannt ◆ gewandt ◆ gestritten

Susanne berichtet ihrer Mutter vom Schulausflug

① „Wir sind im Stadtwald _____ (sein) und sind dort zunächst den Hauptweg entlang _____ (gehen). ② Die Jungen sind bald vorneweg _____ (rennen) und haben kleine Äste auf den Weg _____ (werfen), damit wir _____ (wissen) haben, welchen Weg die Jungen _____ (nehmen) haben.

③ Auf einmal haben sie laut _____ (schreien) und wir haben uns sofort an Herrn Müller _____ (wenden). ④ Dieser hat uns _____ (bitten), ganz schnell hinterherzukommen. ⑤ Du glaubst es kaum, Jonas und Felix haben sich so _____ (streiten), weil Jonas Felix' Apfelsaft _____ (trinken) hat und Felix Jonas daraufhin seinen einen Träger vom Rucksack _____ (abreißen) hat. ⑥ So etwas Lächerliches! Zum Glück hat Herr Müller _____ (eingreifen) und den Streithähnen _____ (helfen), sich wieder zu versöhnen, sowie ein ernstes Wort mit ihnen _____ (sprechen)."

Unregelmäßige Verben konjugieren — AB 11

Das Plusquamperfekt unregelmäßiger Verben

Merke
Das Plusquamperfekt (die Vorvergangenheitsform) wird mit dem Präteritum von **haben** oder **sein** und dem Partizip Perfekt (Partizip II) gebildet. Manche Verben haben eine unregelmäßige Partizip-Perfekt-Form.

Beispiel: er hatte getragen oder er war geflohen

In den folgenden Sätzen sind die Silben der Partizip-Perfekt-Form durcheinandergeraten.
a) Finde die richtige Partizip-Perfekt-Form heraus und schreibe sie auf.
b) Unterstreiche die Präteritumform, die das Plusquamperfekt mit bildet.

a) Er hatte uns _____ (foh – be – len), hier drinzubleiben.

b) Sandra hatte sich den Fuß _____ (broch – ge – en).

c) Heike hatte es mir aber _____ (bo – ge – an – ten).

d) Er hatte nicht daran _____ (dacht – ge).

e) Sie hatte einen Jungen _____ (ren – bo – ge).

f) Martin hatte einen schweren Kampf _____ (foch – ge – aus – ten).

g) Tante Berta hatte ihre Brosche _____ (en – ver – lor).

h) Die Eier waren _____ (ben – dor – ver), deshalb habe ich sie weggeworfen.

i) Lars hatte Tatjana neulich _____ (trof – ge – fen).

j) Sie hatte die Äpfel im Geschäft nicht _____ (wo – ge – gen).

k) Mutter hatte sie dazu _____ (gen – zwun – ge).

l) Sie waren erst kürzlich in die Stadt _____ (en – ge – zog).

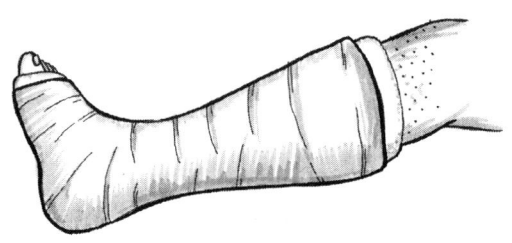

Unregelmäßige Verben konjugieren — AB 12

Das Plusquamperfekt unregelmäßiger Verben

Merke
Das Plusquamperfekt, wird mit einer Präteritumform von **haben** oder **sein** und dem Partizip Perfekt (Partizip II) gebildet. Manche Verben haben eine unregelmäßige Partizip-Perfekt-Form.

Beispiel: er hatte geweint, aber er war gekommen

Suche aus dem Kasten die passende Partizip-Perfekt-Form heraus.
Unterstreiche die zum Plusquamperfekt gehörige Präteritumform.

> angeschwollen ◆ gestiegen ◆ gewusst ◆ begonnen ◆ gefroren ◆ geflohen ◆
> geschlossen ◆ geschrieben ◆ gewonnen ◆ gestorben ◆ gestrichen ◆ gestanden ◆
> gestunken ◆ heruntergesprungen ◆ geschmissen ◆ gebissen ◆ gestohlen ◆ gefunden

a) Er hatte es trotz langen Suchens nicht _____ .

b) Sie hatte das Gartentor erst letztes Jahr _____ .

c) Jonas war auf den Baum _____ und dann wieder _____ .

d) Er hatte mehrere Stifte _____ und die Tat hinterher _____ .

e) Hannes hatte ihr in einem Brief _____ , dass Oma _____ war.

f) Elke hatte die Eier weg-_____ , da sie so _____ hatten.

g) Das Schwimmbad hatte lange _____ .

h) Mein Knie war nach dem Sturz sehr _____ .

i) Sie hatte deine Adresse nicht _____ , deshalb konnte sie dir nicht schreiben.

j) Gestern war draußen der Boden _____ .

k) Sie waren vor dem zähnefletschenden Hund _____ ,

   trotzdem hatte er sie_____ .

l) Sie hatten das Fußballspiel _____ , obwohl ein Unwetter _____ hatte.

Unregelmäßige Verben konjugieren — AB 13

Das Plusquamperfekt unregelmäßiger Verben

Merke
Das Plusquamperfekt wird mit einer Präteritumform von **haben** oder **sein** und dem Partizip Perfekt (Partizip II) gebildet. Manche Verben haben eine unregelmäßige Partizip-Perfekt-Form.

Beispiel: ich hatte gesagt, aber ich war gerannt

Finde die passende Partizip-Perfekt-Form heraus und ergänze die Sätze. Unterstreiche die zum Plusquamperfekt gehörende Präteritumform.

mitgesungen ◆ gegossen ◆ abgebogen ◆ gekonnt ◆ gebracht ◆ geblieben ◆ gesessen ◆ davongeschlichen ◆ gesunken ◆ gekannt ◆ geborgen ◆ geflogen ◆ geliehen ◆ geschwiegen ◆ gelegen ◆ gesandt ◆ genossen ◆ gelogen

a) Martin und Judith waren bei Oma _____ (bleiben).

b) Die Retter hatten den Verletzten schnell _____ (bergen).

c) Sie hat vorne _____ (sitzen) und laut _____ (mitsingen).

d) Sie hatte _____ (schweigen) und war heimlich davon _____ (davonschleichen).

e) Opa hatte mir ein Paket _____ (senden).

f) Sie waren _____ (abbiegen) und hatten ihn nach Hause _____ (bringen).

g) Er hatte mir das Buch _____ (leihen), das dort _____ (liegen) hatte.

h) Sie hatte nicht anders _____ (können) und _____ (lügen).

i) Selina hatte die Blumen bereits _____ (gießen).

j) Sie hatte ihn vorher nicht _____ (kennen).

k) Sie waren mit ihm _____ (fliegen) und hatten die Aussicht _____ (genießen).

l) Das Schiff war _____ (sinken)

Unregelmäßige Verben konjugieren — AB 14

Das Plusquamperfekt unregelmäßiger Verben

Merke
Das Plusquamperfekt wird mit einer Präteritumform von **haben** oder **sein** und dem Partizip Perfekt (Partizip II) gebildet. Manche Verben haben eine unregelmäßige Partizip-Perfekt-Form.

Beispiel: ich hatte gefegt, aber ich war geeilt

Suche die passende Partizip-Perfekt-Form heraus und ergänze die Sätze. Unterstreiche die zum Plusquamperfekt gehörende Präteritumform.

gerochen ♦ festgehangen ♦ gelungen ♦ gemocht ♦ gelitten ♦ geschworen ♦ geschossen ♦ abgebogen ♦ geschieden ♦ empfohlen ♦ geschienen ♦ geflossen ♦ gekrochen ♦ geschnitten ♦ geritten ♦ eingeschritten ♦ genannt ♦ gebrannt

a) Sie hatte vor ihrem Tod sehr _____ (leiden).

b) Sie waren im Guten voneinander _____ (scheiden).

c) Die Sonne hatte _____ (scheinen) und Julia war auf ihrem Pony _____ (reiten).

d) Er hatte sich in den Finger _____ (schneiden).

e) Sie hatten _____ (schwören), nichts zu sagen.

f) Mutter hatte mich sehr _____ (mögen) und „mein Hase" _____ (nennen).

g) Der Hund war vor Angst unter den Tisch _____ (kriechen).

h) Er hatte auf den Mann _____ (schießen), deswegen war der Polizist _____ (einschreiten).

i) Es hatte _____ (brennen) und schrecklich _____ (riechen).

j) Sie waren von der Autobahn _____ (abbiegen) und hatten auf der Auffahrt im Stau _____ (festhängen).

k) Wegen der toten Katze waren viele Tränen _____ (fließen).

l) Sie hatte dieses Backrezept _____ (empfehlen) und es war _____ (gelingen).

Unregelmäßige Verben konjugieren AB 15

Das Plusquamperfekt unregelmäßiger Verben

Ergänze die Sätze mit der Plusquamperfektform des in Klammern stehenden Verbs.

a) Nachdem er _____ (scheiden) _____ , heiratete er erneut.

b) Bevor sich beide _____ (streiten) _____ , waren sie beste Freunde.

c) Nachdem sie _____ (rennen) _____ , war sie völlig außer Atem.

d) Ehe sie den Jungen zu Bett _____ (bringen) _____ , klingelte das Telefon.

e) Bevor sie das Wohnzimmer tapezierten, _____ dort ein Kalender _____ (hängen).

f) Zuvor _____ die Sonne _____ (scheinen), ehe der Regen einsetzte.

g) Nachdem das Haus _____ (brennen) _____ , wurde es saniert.

h) Er _____ bereits halb _____ (gewinnen), bevor das Spiel überhaupt anfing.

i) Bevor er von der Polizei verhaftet wurde, _____ er noch schnell zwei Jeanshosen _____ (stehlen).

j) Der Verletzte _____ leider _____ (sterben), bevor der Arzt kam.

k) Er _____ im Garten _____ (sitzen), bevor er ins Haus ging.

l) Nachdem sie ihm eine E-Mail _____ (senden) _____ , rief Klara ihn noch an.

Abschlusstest Grammatik

Was hast du dazugelernt und was musst du noch weiter üben?

1. **Ergänze bei den folgenden Wörtern den bestimmten Artikel *(der, die, das)*.**

   _____ Schultasche, _____ Obst, _____ Verkehrsampel, _____ Laden,

   _____ Abfalleimer, _____ Schulbushaltestelle, _____ Birnbaum,

   _____ Arztpraxis, _____ Springseil, _____ Flussufer, _____ Pappkarton,

   _____ Rührgerät

   ☐ von 12 Punkten

2. **Bilde zu folgenden Wörtern den Plural.**

   ① die Meinung ▷ die _____   ② das Kind ▷ die _____

   ③ die Speise ▷ die _____   ④ der Vogel ▷ die _____

   ⑤ das Auto ▷ die _____   ⑥ der Berg ▷ die _____

   ⑦ die Nuss ▷ die _____   ⑧ der Knoten ▷ die _____

   ⑨ der Automat ▷ die _____   ⑩ die Mauer ▷ die _____

   ⑪ das Hindernis ▷ die _____   ⑫ der Vater ▷ die _____

   ☐ von 12 Punkten

3. **Ergänze die Nomen mit Artikel. Achte auf die grammatisch richtige Form.**

   ① Die Haare _____ *(die Frau)* sind lockig. ② Ich habe _____ *(der Bleistift)* Jonas gegeben. ③ Sie hat _____ *(die Kinder)* Schokolade mitgebracht. ④ Der Verschluss _____ *(der Koffer)* ist kaputt. ⑤ _____ *(das Buch)* ist verschwunden. ⑥ Ich habe _____ *(das Kind)* neulich am Bahnhof gesehen. ⑦ Ich hatte _____ *(die Kassiererin)* 10 Euro gegeben. ⑧ Die Augen _____ *(die Tiere)* guckten erwartungsvoll nach Futter.

   ☐ von 8 Punkten

Abschlusstest Grammatik

4. Ergänze das Adjektiv im Lückentext. Achte auf die grammatisch richtige Form.

① Die Augen des _____ *(klein)* Kindes waren blau. ② Ich versuchte, den _____ *(traurig)* Jungen zu trösten. ③ Heike hat der _____ *(alt)* Frau von gegenüber ein Buch geschenkt. ④ Der Ärger der _____ *(betroffen)* Kunden war groß. ⑤ Die Farbe des _____ *(neu)* Fahrrades ist schöner. ⑥ Der _____ *(groß)* Schrank ist schwer. ⑦ Ich habe ihr eine _____ *(schön)* Tischdecke mitgebracht. ⑧ Die Erwartungen der _____ *(zahlreich)* Zuschauer waren hoch.

☐ **von 8 Punkten**

5. Füge das Possessivpronomen in der grammatisch passenden Form ein.

① Das ist die Jacke _____ *(unser)* Kindes. ② Ich habe _____ *(mein)* Vater ein Radio geschenkt. ③ Die Backkünste _____ *(sein)* Mutter waren nicht zu übertreffen. ④ Ich kann _____ *(euer)* Auto nicht finden. ⑤ Die Haare _____ *(mein)* Kinder sind braun. ⑥ Ich rufe gleich _____ *(mein)* Vater an. ⑦ Die Freundin _____ *(ihr)* Sohnes ist Anwältin. ⑧ Ich werde die Futternäpfe _____ *(mein)* Hasen säubern.

☐ **von 8 Punkten**

Abschlusstest Grammatik

6. Füge das Adjektiv in der grammatisch passenden Form ein.

① Das Gemecker seiner _____ (unzufrieden) Kinder verstummte endlich. ② Auf einmal sah ich mein _____ (klein) Kaninchen. ③ Ich habe meine _____ (kaputt) Tasche in den Müll geworfen. ④ Sein _____ (schön) Gesang beeindruckte die Leute. ⑤ Hanna hat deine _____ (alt) Rollschuhe am Flohmarkt verkauft. ⑥ Er kaufte seinem _____ (hungrig) Sohn einen Döner. ⑦ Der Körper seines _____ (erschrocken) Hundes zitterte. ⑧ Ich werde dir unser _____ (neu) Haus zeigen.

☐ von 8 Punkten

7. Füge in die Lücken das Demonstrativpronomen *dieser, diese, dieses* in der grammatisch passenden Form ein.

① Das Haus _____ Leute ist groß. ② Sie hat _____ Frau den Eimer gegeben. ③ Du darfst _____ Leuten nicht alles glauben. ④ Er hat _____ Früchte noch nie probiert. ⑤ Sie hat den Brief _____ Mann ausgehändigt. ⑥ Die Kleidung _____ Dame sieht vornehm aus. ⑦ Er hat _____ Mädchen Geld geschenkt. ⑧ Sie hatte _____ Gebäude noch nie betreten.

☐ von 8 Punkten

8. Füge das Adjektiv in der grammatisch passenden Form ein.

① Er spülte dieses _____ (schmutzig) Geschirr sofort ab. ② Sie verkaufte dieser _____ (elegant) Dame einen Ring. ③ Er lockte dieses _____ (verängstigt) Tier unter dem Schrank hervor. ④ Opa hat ihm diesen _____ (langen) Brief geschrieben. ⑤ Mama hat diesem _____ (nett) Mann 10 Euro gegeben. ⑥ Der Mantel dieses _____ (obdachlos) Mannes wies Löcher auf. ⑦ Er beobachtete diese _____ (niedlich) Amsel bereits eine Weile. ⑧ Sie zeigte diesem _____ (verzweifelt) Kind den Weg.

☐ von 8 Punkten

Abschlusstest Grammatik

9. Bilde die dritte Person Singular im Präsens zu den folgenden Verben.

① laufen ▷ er/sie/es _____   ② wissen ▷ er/sie/es _____

③ stehlen ▷ er/sie/es _____   ④ backen ▷ er/sie/es _____

⑤ messen ▷ er/sie/es _____   ⑥ stoßen ▷ er/sie/es _____

⑦ mögen ▷ er/sie/es _____   ⑧ sein ▷ er/sie/es _____

⑨ schlafen ▷ er/sie/es _____   ⑩ raten ▷ er/sie/es _____

⑪ geben ▷ er/sie/es _____   ⑫ lesen ▷ er/sie/es _____

☐ von 12 Punkten

10. Bilde die dritte Person Singular im Präteritum zu folgenden Verben.

① wissen ▷ er/sie/es _____   ② waschen ▷ er/sie/es _____

③ schlafen ▷ er/sie/es _____   ④ sein ▷ er/sie/es _____

⑤ helfen ▷ er/sie/es _____   ⑥ laufen ▷ er/sie/es _____

⑦ schießen ▷ er/sie/es _____   ⑧ graben ▷ er/sie/es _____

⑨ essen ▷ er/sie/es _____   ⑩ bleiben ▷ er/sie/es _____

⑪ bitten ▷ er/sie/es _____   ⑫ lassen ▷ er/sie/es _____

☐ von 12 Punkten

Abschlusstest Grammatik

11. Füge das Partizip II des in Klammern stehenden Verbs hinzu.

① er hat _____ (beginnen)   ② sie hatte _____ (empfehlen)

③ es war _____ (sein)   ④ er hat _____ (trinken)

⑤ sie hatte _____ (nehmen)   ⑥ es hatte _____ (stehlen)

⑦ er ist _____ (rennen)   ⑧ er war _____ (steigen)

⑨ sie hat _____ (sprechen)   ⑩ sie hat _____ (helfen)

⑪ es hatte _____ (schreien)   ⑫ es ist _____ (sinken)

☐ von 12 Punkten

Abschlusstest Grammatik/Auswertung

Was hast du dazugelernt – was musst du noch weiter üben?

Den Abschlusstest kannst du selbst mithilfe der Lösungsseiten kontrollieren.
Du kannst ihn auch jemand anderes kontrollieren lassen, zum Beispiel durch deinen Tischnachbarn oder deine Tischnachbarin. Wichtig ist, dass der Test **sorgfältig kontrolliert** wird.

Nach der Fehlerkontrolle müssen bei jeder Aufgabe die richtigen Lösungen zusammengezählt werden. Dabei gibt es für jede richtige Lösung einen Punkt. Danach sollten die Punktzahlen für die einzelnen Aufgaben in die Leistungstabelle auf der nächsten Seite eingetragen werden.

Nun suchst du aus der Übersicht unten den Kommentar zum Leistungsstand für die entsprechende **Punktzahl** heraus.

Trage den für dich geltenden Kommentar in die Leistungstabelle ein. So kannst du sehen, welche grammatischen Bereiche du schon beherrschst und wo du unbedingt noch üben musst.

Das ist mein Leistungsstand

Aufgaben 1 – 2 und 9 – 11	
12 Punkte	Spitze, das kannst du prima!
11 Punkte	In Ordnung, das kannst du einigermaßen!
9 – 10 Punkte	Hier solltest du noch etwas üben!
6 – 8 Punkte	Hier solltest du noch üben!
0 – 7 Punkte	Hier musst du unbedingt noch üben!

Aufgaben 3 – 8	
8 Punkte	Spitze, das kannst du prima!
7 Punkte	In Ordnung, das kannst du einigermaßen!
6 Punkte	Hier solltest du noch etwas üben!
5 Punkte	Hier solltest du noch üben!
4 Punkte	Hier musst du unbedingt noch üben!

Vergleiche nun deine Ergebnisse mit denen, die du beim Lernausgangstest erzielt hast.
Kennzeichne jeden Bereich, in dem du dich verbessert hast, am Rand mit einem ☺.
Kreuze außerdem die Bereiche an, in denen du noch weiter üben musst.
So kannst du sehen, wo du dich verbessert hast und was du noch weiter üben musst.

Abschlusstest Grammatik/Auswertung

Leistungstabelle – Das kann ich schon

Aufgabe Nr.	Aufgabeninhalt	Punktzahl	Leistungsstand Lernausgangstest	Leistungsstand Abschlusstest	☺	!
1	Artikel					
2	Pluralbildung					
3	Deklination von Artikeln und Nomen					
4	Deklination von Artikeln und Nomen mit Adjektiven					
5	Deklination von Possessivpronomen und Nomen					
6	Deklination von Possessivpronomen, Nomen und Adjektiven					
7	Deklination von Demonstrativpronomen und Nomen					
8	Deklination von Demonstrativpronomen, Nomen und Adjektiven					
9	Konjugation unregelmäßiger Verben im Präsens					
10	Konjugation unregelmäßiger Verben im Präteritum					
11	Konjugation unregelmäßiger Verben im Perfekt und Plusquamperfekt					

Lösungen / Literatur

Lösungen 93–123

Literatur 124

Lösungen - Baustein 1 / Erzählen

AB 1 Verben der Vorwärtsbewegung — S. 10

a) rasen ⇨ rennen
   bummeln ⇨ langsam laufen
   betreten ⇨ hineingehen
   verlassen ⇨ weggehen
   stolzieren ⇨ elegant gehen
   hinterherschleichen ⇨ unbemerkt verfolgen
   schlendern ⇨ gemütlich laufen

b) ankommen ⇨ erreichen
   torkeln ⇨ in Schlangenlinien laufen
   eilen ⇨ hasten
   trödeln ⇨ langsam gehen
   marschieren ⇨ wandern
   verfolgen ⇨ hinterhergehen
   flüchten ⇨ vor Angst schnell weglaufen

AB 2 Verben der Vorwärtsbewegung — S. 11

a) Der Betrunkene **torkelte** die Straße entlang.
b) Der Polizist **verfolgte** den Einbrecher.
b) Die beiden Freundinnen **schlenderten** durch die Fußgängerzone, in der es viele Geschäfte gab.
d) Susanne **betrat** zuerst das Ferienhaus.
e) Die Katze **flüchtete** vor dem Hund.
f) Die Soldaten **marschierten** in Fünfergruppen durch das Gebirge.
g) Er **raste** so schnell er konnte los, um als Erster am Ziel zu sein.
h) Herr Müller **spazierte** täglich mit seinem Hund am Rhein entlang.
i) Johannes **trödelte** Richtung Bushaltestelle und verpasste deshalb den Bus.
j) Bei der Modenschau **stolzierte** Sabine in einem weinroten Hosenanzug mit eleganten Schritten über den Laufsteg.

AB 3 Verben des Sagens — S. 12

a) „Du gehorchst jetzt, und zwar sofort", **befahl** die Mutter.
b) „Nein, nein, ich räume mein Zimmer nicht auf!", **brüllte** das Kind wütend.
c) „Psst, psst", **flüsterte** Mama, „der kleine Jonathan schläft noch."
d) „Bitte, bitte, geh mit mir ins Kino", **bat** der Junge seinen Vater.
e) „Ich bin mir ganz sicher", **behauptete** Peter.
f) „Ich habe den Blumentopf heruntergeworfen, **gab** Julia **zu.**
g) „Wo waren Sie gestern zwischen 20 und 21 Uhr?", **fragte** der Polizist den Verdächtigen.
h) „Zu Ihrer Frage sage ich nichts", **antwortete** der Angeklagte dem Richter.
i) „Wenn ich nur wüsste, wo ich den Schlüssel hingetan habe ...", **überlegte** Vater.
j) „Gib acht!", **warnte** Onkel Thomas, aber da war ich schon auf den Ast getreten und hingefallen.
k) „Das glaube ich nicht", **zweifelte** Boris.

Lösungen - Baustein I / Erzählen

AB 4 Verben des Sagens — S. 13

a) antworten – entgegnen – **fragen** – erwidern
b) befehlen – **zugeben** – auffordern – bitten
c) sich erkundigen – fragen – erfragen – **entgegnen**
d) schreien – **flüstern** – rufen – brüllen
e) **zweifeln** – mitteilen – ankündigen – bekannt geben
f) einräumen – zugeben – **bestreiten** – gestehen
g) bemerken – **antworten** – anführen – erwähnen
h) erwägen – überlegen – nachdenken – **bitten**
i) **ausweichen** – bekräftigen – unterstreichen – betonen
j) bestreiten – bezweifeln – **behaupten** – infrage stellen
k) **rätseln** – schimpfen – meckern – fluchen
l) jubeln – sich freuen – jauchzen – **sich aufregen**

AB 5 Wörter zum Ausdruck zeitlicher Handlungsabfolgen — S. 14

gleichzeitig (zur gleichen Zeit)	nachzeitig (danach)	vorzeitig (davor)
in diesem Moment	dann	vorher
jetzt	hiernach	davor
gleichzeitig	später	zuvor
indessen	nachher	hiervor
in diesem Augenblick	anschließend	
nun	hierauf	
im gleichen Augenblick	hinterher	
währenddessen	daraufhin	
zur gleichen Zeit	danach	
in dieser Sekunde		

AB 6 Wörter zum Ausdruck zeitlicher Handlungsabfolgen — S. 15

① Herr K. fuhr mit Vollgas auf die Kreuzung zu. **In diesem Augenblick** kam von rechts ein Auto herangerast und ein deutliches Scheppern war zu hören. ② **Hierauf** öffneten sich nach einer kurzen Zeit die Türen beider Autos. ③ **Dann** brüllten sich die beiden Autofahrer an und Herr K. bekam von seinem wütenden Gegenüber eine Backpfeife verpasst. ④ **Hiernach** riefen sie die Polizei. Die zwei Polizisten beruhigten die Männer, protokollierten den Unfallhergang und teilten beiden Herren mit, dass das Gericht die endgültige Schuld feststellen müsse. Außerdem nahmen sie gegen Herrn Ks Widersacher wegen der Backpfeife noch eine Anzeige auf. ⑤ **Zuvor** hatten die Beamten noch dafür gesorgt, dass die beiden kaputten Autos abgeschleppt wurden. ⑥ **Anschließend** ließen die Polizisten die beiden Widersacher zu Fuß nach Hause gehen.

Lösungen – Baustein I / Erzählen

AB 7 Spannungssteigernde Ausdrücke — S. 16

1. Neulich war Jonas allein zu Hause. Seine Eltern waren ins Kino gegangen. ① **Plötzlich** wachte Jonas auf, weil er ein unheimliches Geräusch hörte. ② **Auf einmal** glaubte er Schritte in der Diele zu hören. „Hilfe", dachte er, „das ist bestimmt ein Einbrecher!"
③ **Blitzartig** warf Jonas seine Bettdecke zur Seite, sprang aus den Federn und rannte schreiend aus seinem Zimmer um nachzusehen. ④ Doch als er seine Zimmertür aufriss, blieb er **jäh** stehen. Was glaubt ihr, wen er da sah? Nein, es war kein Einbrecher, wie er befürchtet hatte. ⑤ Jonas' Eltern waren **völlig unerwartet** eher aus dem Kino zurückgekehrt, weil ihnen der Film nicht gefallen hatte. ⑥ Nachdem Jonas sich beruhigt hatte, mussten alle drei **aus heiterem Himmel** über Jonas' Gebrüll loslachen.

2. a) **Plötzlich rannte er los, weil er sich verfolgt fühlte.**
   Er rannte plötzlich los, weil er sich verfolgt fühlte.

   b) **Völlig unerwartet war seine Mutter eher aus der Stadt nach Hause gekommen.**
   Seine Mutter war völlig unerwartet eher aus der Stadt nach Hause gekommen.

Lösungen – Baustein I / Beschreiben und Berichten

AB 1 Adjektive und Wortbausteine zur Personenbeschreibung   S. 17

a) Gesichtsform

① **kantig**   ② **rundlich**   ③ **länglich**   ④ **oval**

b) Nase

① **lang**   ② **schmal**   ③ **breit**   ④ **kurz**   ⑤ **krumm**

AB 2 Adjektive und Wortbausteine zur Personenbeschreibung   S. 18

① Er hat ein **pausbäckiges** Gesicht und **gerötete** Wangen.

② Er besitzt **blasse** und **eingefallene** Wangen.

Lösungen – Baustein 1 / Beschreiben und Berichten

AB 3   Adjektive und Wortbausteine zur Personenbeschreibung — S. 19

① eine Glatze   ② kinnlang   ③ kurz   ④ offene Zöpfe

⑤ zu einem Dutt zusammengesteckt   ⑥ glatt   ⑦ zu einem Zopf geflochten   ⑧ lockig

⑨ schulterlang   ⑩ zu einem Pferdeschwanz zusammengebunden   ⑪ geflochtene Zöpfe   ⑫ lang

AB 4   Adjektive und Wortbausteine zur Personenbeschreibung — S. 20

① schlank, hager, zierlich, dürr, dünn, schmal

② kräftig, untersetzt, beleibt, dick, stattlich, fettleibig

Lösungen - Baustein I / Beschreiben und Berichten

AB 5   Adjektive und Wortbausteine zur Personenbeschreibung   S. 21

① Die Person besitzt eine **schmale** Statur. Sie hat ein **längliches** Gesicht mit **eingefallenen** und **blassen** Wangen. Sie trägt ihr Haar, das **lockig** ist, **schulterlang**. Sie hat eine **lange** Nase.

② Die Person ist von **kräftigem** Körperbau. Sie besitzt ein **breites pausbäckiges** Gesicht mit **geröteten** Wangen. Ihre Nase ist **krumm** und die Haare sind **kurz** geschnitten.

AB 6   Wortbausteine zur Tierbeschreibung   S. 22

① **gefleckt**

② **mit weißem Brustfleck**

③ **mit weißem Hals**

④ **getigert**

⑤ **mit weißen Beinen und Pfoten**

⑥ **einfarbig**

⑦ **mit weißen Pfoten**

⑧ **marmoriert**

⑨ **mit weißer Schwanzspitze**

Lösungen - Baustein 1 / Beschreiben und Berichten

AB 7 Wortbausteine zur Tierbeschreibung S. 23

①
Schnauze – lang
Ohren – hochstehend
Schwanz – lang mit langen Haaren

②
Schnauze – kurz
Ohren – herunterhängend
Schwanz – kurz und buschig

AB 8 Beschreiben und Berichten – Verben zur Wegbeschreibung S. 24

1. In den Amselweg **hineingehen**. / In den Amselweg **abbiegen**.
2. Den Amselweg **verlassen**. / Vom Amselweg **einbiegen**.
3. Den Amselweg **überqueren**. / Über den Amselweg **laufen**.
4. Die Kreuzung **überqueren**. / Die Kreuzung **passieren**.
5. Den Amselweg **entlanggehen**. / Dem Verlauf des Amselwegs **folgen**.
6. Die Blumenstraße **überqueren**. / Die Blumenstraße **passieren**.

AB 9 Verben zur Wegbeschreibung S. 25

① **Passiere/Überquere** die nächste Kreuzung und **gehe** die Thomas-Mann-Straße **weiter/geradeaus** bis zur darauffolgenden Kreuzung. ② **Biege** dort nach rechts in die Hauptstraße **ein/ab, überquere/passiere** die folgende Kreuzung Hauptstraße/Gartenstraße und **folge** der Hauptstraße bis zur Einmündung Blumenstraße. ③ **Verlasse** dort die Hauptstraße und **laufe** die Blumenstraße bis zum Enzianweg **entlang**. ④ Biege nun von der Blumenstraße in den Enzianweg **ab/ein** und **gehe geradeaus/weiter** bis du zu einer Kirche kommst. Dort gegenüber wohnen wir.

AB 10 Präpositionen für Ortsangaben bei Bildbeschreibungen und Berichten S. 26

① Tisch und Sofa stehen **in** der Mitte des Raumes. ② **Auf** dem Sofa liegt ein Hut. ③ Links **neben** dem Sofa steht ein Stuhl. ④ **Über** die Stuhllehne ist eine Jacke gehängt. ⑤ **Vor** dem Heizkörper liegt eine Zeitung **am** Boden. ⑥ **Zwischen** der Stehlampe und dem Sofa ist ein überquellender Papierkorb zu sehen. ⑦ Außerdem kann man **an** der hinteren Zimmerwand ein Gemälde mit prächtigem Rahmen erblicken. ⑧ **Unter** dem Bild hängt ein kleiner Kalender. ⑨ Aus unerfindlichen Gründen hat jemand eine rosa Schleife **um** das rechte Bein des Stuhls gebunden. ⑩ Weiter sieht man **auf** dem Tisch eine Tasse stehen.

Lösungen – Baustein 1 / Beschreiben und Berichten

AB 11   Präpositionen für Ortsangaben bei Wegbeschreibungen   S. 27

a) Herr Meier fährt **aus** dem Parkhaus.
b) Sie treffen sich **am** Kino.
c) Der alte Herr geht **im** Park spazieren.
d) Der Zug fährt **in** den Bahnhof ein.
e) Frau Huber geht **zur** Apotheke.
f) Folgen Sie der Hauptstraße **bis zur** nächsten Kreuzung.
g) Björn läuft **zum** Bahnhof.
h) Sie müssen **um** das Gebäude herumgehen, dann stoßen Sie automatisch auf den Eingang.
i) Er fährt **an** der Kirche vorbei.
j) Die Kinder laufen gespannt **über** den Platz.
k) Das Ehepaar läuft **durch** den Park.
l) Herr Müller kommt gerade **vom** Bahnhof.

AB 12   Präpositionen für Ortsangaben bei Wegbeschreibungen   S. 28

a) In der Altstadt trafen sie als Erstes **auf das** Rathaus.
b) Frau Bach blinkte und fuhr **in das** Parkhaus hinein.
c) Die Kinder liefen schnell **über die** schmale Brücke.
d) Die Touristen gingen **in die** Kirche hinein, um sie zu besichtigen.
e) Es ist nicht mehr weit **bis zu der** Schule.
f) Die Jugendlichen machten sich **auf den** Weg **zu dem** Kino.
g) Herr Fischer fuhr **bis zu der** Kneipe und stellte dort das Auto ab.
h) Sie verabredeten, sich **vor dem** Rathaus zu treffen.
i) Der Zug fuhr mit hoher Geschwindigkeit **durch den** Tunnel.
j) Das Haus stand direkt **an der** Straße.

AB 13   Präpositionen für Ortsangaben bei Wegbeschreibungen   S. 29

a) Ich gehe jeden Nachmittag **am** Rhein spazieren.
b) Familie Müller fährt **in** die Alpen.
c) Oma verreist **nach** Bad Godesberg.
d) Markus geht **an** der Fulda entlang.
e) Herr Meier fährt auf Geschäftsreise **nach** Berlin.
f) Sie verlassen die Autobahn **bei** Düsseldorf.
g) Familie Huber verreist **an** die Nordsee.
h) Ebru verbringt die Sommerferien **in** der Türkei.
i) Boris macht mit seinen Eltern Urlaub **in** Großbritannien.
j) Heike fährt mit ihrer Familie **nach** Frankreich.
k) Wir kommen **von** Kassel her auf die Autobahn.
l) Susanne fährt nächste Woche **in** die Schweiz.
m) Wir kommen direkt **aus** Konstanz, wenn wir zu deinem Geburtstag kommen.
n) Du musst **bis** Frankfurt mit dem ICE fahren, wenn du nach Friedberg willst.

Lösungen – Baustein 1 / Argumentieren

AB 1 Sprachliche Wendungen zur Einleitung der Meinungsäußerung   S. 30

Diskussion der Klasse 6b über die Gestaltung des Wandertages

a) Tom: „**Meiner Meinung nach sollten** wir am Wandertag ins Schwimmbad gehen."
b) Julia: „Nein, **ich denke, dass** wir im Museum für Ur- und Frühgeschichte die Dinosaurier angucken sollten."
c) Marvin: „Nein, **ich bin der Meinung, dass** wir lieber einen Gang durch das Automuseum unternehmen sollten."
d) Holger: „Nein, **nach meiner Auffassung sollten** wir lieber das Spielzeugmuseum besuchen."
e) Tina: „Nein, **ich bin der Auffassung, dass** wir überhaupt nicht ins Museum gehen sollten."
f) Sabine: „Nein, wandern ist langweilig, **ich meine, dass** wir lieber einen Film im Kino anschauen sollten."
g) Heike: „Nein, **meiner Auffassung nach sollten** wir bei dem schönen Wetter jetzt im Mai nichts unternehmen, was wir auch im Winter machen können."
h) Ingo: „**Nach meiner Meinung sollten** wir vielmehr in den Fun-Freizeitpark fahren."

AB 2 Sprachliche Wendungen zum Verknüpfen der einzelnen Bausteine einer Argumentationskette   S. 31

① Ihr solltet mir unbedingt einen Computer zu Weihnachten schenken, **denn** diesen kann ich wunderbar zum Vokabellernen für Englisch benutzen.
Holger von nebenan hat **beispielsweise** wesentlich bessere Noten, seitdem er einen Computer besitzt, mit dessen Hilfe er Vokabeln lernt.

② Ihr solltet mir auf alle Fälle ein Handy kaufen, **weil** ich damit jederzeit Hilfe herbeirufen kann, wenn mir etwas zustößt.
Onkel Horst konnte **zum Beispiel** selbst Hilfe herbeirufen, als er letzten Sommer mit dem Fahrrad im Wald gestürzt ist.

③ Ihr solltet mich unbedingt in den Schwimmverein eintreten lassen, **da** Sport gesund ist und ich auf diese Weise abnehmen kann.
So hat Jan aus meiner Klasse einige Kilos abgenommen, seitdem er einmal die Woche zum Schwimmtraining geht.

Lösungen – Baustein 1 / Argumentieren

AB 3   Sprachliche Wendungen zur Formulierung von Schlussfolgerungen   S. 32

a) Es spricht vieles für die Anschaffung einer Katze. **Deshalb** solltest du mir erlauben, dass ich die herrenlose Katze vom Spielplatz zu uns hole.
b) Oma kann nicht mehr alleine in ihrer Wohnung leben, **deswegen** sollten wir Oma zu uns nehmen.
c) Es gibt keinen Grund, der gegen einen Beitritt im Schwimmverein spricht, **also** solltest du mich sofort anmelden.
d) Dieser Anorak ist dicker. **Infolgedessen** sollten wir diesen nehmen.
e) Von dem Spiel gibt es nur noch zwei Exemplare zum Sonderpreis, **daher** solltest du es mir sofort kaufen.
f) In der Zeitung war neulich zu lesen, dass Fahrradhelme ohne Prüfsiegel bei einem Sturz schnell zerbrechen können, **demnach** sollten wir den teuren mit Prüfsiegel kaufen.
g) Unsere Lehrerin hat uns den Kinofilm empfohlen. **Folglich** solltest du es mir erlauben, dass ich heute mit den anderen ins Kino gehe.

AB 4   Sprachliche Wendungen zum Ausdruck gegensätzlicher Meinungen   S. 33

a) **Gegen dieses Argument ist einzuwenden,** dass man sich beim Sport auch ganz leicht verletzen kann.
b) **Ich denke jedoch,** dass wir dieses Buch mit Festeinband kaufen sollten, weil die Seiten da nicht so schnell herausgehen.
c) **Dagegen spricht,** dass wir oft in den Urlaub fahren und die Katze dann versorgt werden müsste.
d) Man **muss jedoch zu bedenken geben,** dass auch hochwertige Turnschuhe schnell kaputtgehen können.
e) Gegen **dieses Argument spricht,** dass ein Hund nicht immer im Haus ist und es so bewachen kann.
f) **Ich** denke **im Gegensatz dazu,** dass wir erst einmal abwarten sollten, bevor wir eine Unfallversicherung abschließen.
g) **Auf der anderen Seite** ist **anzuführen,** dass ein normales Fahrrad billiger ist.
h) **Dem** widerspricht **jedoch,** dass ein Golf genauso wenig Stauraum hat wie ein Fiat.
i) **Im** Gegensatz **dazu meine ich,** dass wir vorher doch noch einmal nach Hause fahren sollten, um uns umzuziehen.

Lösungen - Baustein II / Lernausgangstest Grammatik

Was kannst du schon und wo hast du noch Übungsbedarf?

1. **der** Rasierapparat, **der** Fluss, **die** Ampel, **der** Malkasten, **das** Märchen, **die** Fabel, **das** Schulfest, **die** Schatzkiste, **der** Biologieunterricht, **die** Flurgarderobe, **das** Lesebuch, **das** Wandertagsziel

   12 Punkte

2. ① die **Tücher**   ② die **Düfte**
   ③ die **Zeugnisse**   ④ die **Autofahrten**
   ⑤ die **Schüler**   ⑥ die **Nägel**
   ⑦ die **Preise**   ⑧ die **Büros**
   ⑨ die **Kästen**   ⑩ die **Reisen**
   ⑪ die **Bauern**   ⑫ die **Zeitungen**

   12 Punkte

3. ① Das Fell **des Hundes** ist schwarz. ② Die Lehrerin hat **den Kindern** keine Hausaufgaben gegeben. ③ Ich habe **das Buch** geschenkt bekommen. ④ Die Röcke **der Frauen** sehen gut aus. ⑤ Ich gebe **der Katze** gleich Milch. ⑥ Das Medikament hilft **dem Kranken** nicht. ⑦ Die Ohren **der Hasen** waren lang. ⑧ Ich schenke **dem Mädchen** gern etwas.

   8 Punkte

4. ① Die Augen des **kleinen** Tieres waren noch geschlossen. ② Ich versuchte den **zornigen** Herrn zu beruhigen. ③ Julia hat der **netten** Frau von nebenan 20 Cent geliehen. ④ Das Geschrei der **aufgeregten** Passanten war groß. ⑤ Der Preis des **neuen** Fahrrades war nicht gering. ⑥ Der **runde** Tisch ist schwer. ⑦ Ich habe ihr eine **niedliche** Plüschkatze geschenkt. ⑧ Der Durst der **kleinen** Kinder ist oft groß.

   8 Punkte

5. ① Die Räume **unseres** Hauses sind hoch. ② Ich habe **meinem** Bruder ein Auto geschenkt. ③ Die Geduld **seiner** Mutter war am Ende. ④ Ich werde **euer** Fahrrad benutzen. ⑤ Die Spielkameraden **meiner** Kinder sind nett. ⑥ Ich hole gleich **meinen** Sohn vom Fußballtraining ab. ⑦ Der Freund **ihres** Vaters ist sehr nett. ⑧ Ich werde die Krallen **meiner** Hasen schneiden lassen.

   8 Punkte

6. ① Ich werde dir unser **neues** Auto zeigen. ② Die Hände seines **begeisterten** Vaters klatschten. ③ Er gab seinem **hungrigen** Hund Futter. ④ Mutti hat deine **alten** Schuhe in den Müll getan. ⑤ Sein **kunstvoller** Sprung begeisterte das Publikum. ⑥ Ich brachte meine **kaputte** Lampe zum Müll. ⑦ Plötzlich erblickte ich mein **kleines** Kaninchen. ⑧ Das Geschrei seiner **unruhigen** Kinder verstummte endlich.

   8 Punkte

Lösungen – Baustein II / Lernausgangstest Grammatik

7. ① Er hat das Geld **diesem** Mann gegeben. ② Die Kinder **dieser** Frau sind ungezogen. ③ Sie hat **diesem** Kind Schokolade geschenkt. ④ Er ist **dieses** Auto noch nie gefahren. ⑤ Das Verhalten **dieser** Leute ist unmöglich. ⑥ Sie hat **dieser** Frau den Schlüssel gegeben. ⑦ Du darfst **diesen** Leuten nie vertrauen. ⑧ Sie hat **diese** Früchte noch nie gegessen.

8 Punkte

8. ① Die Schuhe dieses **armen** Mannes waren verschlissen. ② Er verkaufte dieser **vornehmen** Frau Ohrringe. ③ Oma hat ihm diesen **unfreundlichen** Brief geschrieben. ④ Er beobachtete diese **flinke** Amsel schon lange. ⑤ Sie nahm diesem **fröhlichen** Kind schnell das neue Spielzeug weg. ⑥ Er lockte dieses **verängstigte** Tier unter dem Tisch hervor. ⑦ Papa hat diesem **alten** Mann den Schlüssel anvertraut. ⑧ Sie steckte dieses **dreckige** Kind sofort in die Badewanne.

8 Punkte

9. ① er/sie/es **fällt**   ② er/sie/es **läuft**
   ③ er/sie/es **nimmt**   ④ er/sie/es **befiehlt**
   ⑤ er/sie/es **stirbt**   ⑥ er/sie/es **erlischt**
   ⑦ er/sie/es **vergisst**   ⑧ er/sie/es **weiß**
   ⑨ er/sie/es **trifft**   ⑩ er/sie/es **liest**
   ⑪ er/sie/es **isst**   ⑫ er/sie/es **kann**

12 Punkte

10. ① er/sie/es **schlug**   ② er/sie/es **ging**
    ③ er/sie/es **schlich**   ④ er/sie/es **verlor**
    ⑤ er/sie/es **fiel**   ⑥ er/sie/es **aß**
    ⑦ er/sie/es **trat**   ⑧ er/sie/es **ließ**
    ⑨ er/sie/es **goss**   ⑩ er/sie/es **lief**
    ⑪ er/sie/es **las**   ⑫ er/sie/es **dachte**

12 Punkte

11. ① er ist **gewesen**   ② sie hat **empfohlen**
    ③ es hatte **gebrannt**   ④ er war **geschieden**
    ⑤ sie hatte **gedacht**   ⑥ es hat **geschrien**
    ⑦ sie hat **getrunken**   ⑧ er hatte **gebeten**
    ⑨ sie hat **gewusst**   ⑩ er hat **getroffen**
    ⑪ es ist **gestiegen**   ⑫ er hatte **gekannt**

12 Punkte

Lösungen - Baustein II / Methodentraining

Umgang mit dem Wörterbuch - Hilfe bei grammatischen Fragen — S. 42

1. **das Moor**   **der Tabak**   **die Leiter/der Leiter**   **die Salbe**

   das Taschentuch   **die Küchenuhr**   **der Werkstoff**

2. **Schwäne**   **Atlasse/Atlanten**   **Lexika/Lexiken**

3. er/sie/es **schwamm**   er/sie/es **mied**   er/sie/es **trug**

Lösungen – Baustein II / Deklinieren

AB 1 Den richtigen Artikel finden S. 48

1. **die** Ampel, **der** Koffer, **die** Tanne, **das** Mädchen, **die** Kiste, **der** Bus, **das** Flugzeug, **das** Tor, **der** Korb, **die** Maschine, **der** Karton

2. **das** Wohnzimmer **die** Schultasche **der** Bilderrahmen
   der Tannenbaum **die** Butterdose **der** Abfalleimer

AB 2 Den richtigen Artikel finden S. 49

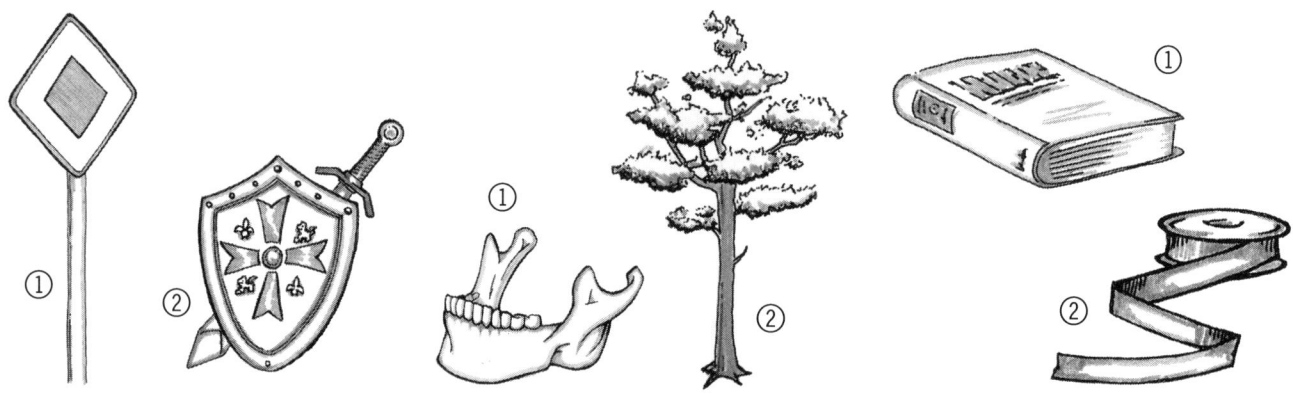

① **das Schild** ① **der Kiefer** ① **der Band**
② **der Schild** ② **die Kiefer** ② **das Band**

① **die See** ① **das Junge**
② **der See** ② **der Junge**

Lösungen – Baustein II / Deklinieren

AB 3 Den richtigen Plural finden   S. 50

Pluralbildung durch	Beispiel	weitere Beispiele
① Endung **-e**	Spiel**e** von das Spiel	**Tiere, Hunde, Salate**
② Endung **-se**	Zeugni**sse** von das Zeugnis	**Hindernisse, Busse**
③ Endung **-n**	Treppe**n** von die Treppe	**Mauern, Speisen, Katzen**
④ Endung **-en**	Frau**en** von die Frau	**Taten, Meinungen, Dummheiten**
⑤ Endung **-nen**	Freundin**nen** von die Freundin	**Lehrerinnen, Schülerinnen**
⑥ Endung **-er**	Feld**er** von das Feld	**Bilder, Kinder**
⑦ Endung **-s**	Auto**s** von das Auto	**Omas, Büros, Taxis**
⑧ keine Endung	die Essen von das Essen	**die Tunnel, die Lehrer**

AB 4 Den richtigen Plural finden   S. 51

① die **Hände**, die **Füße**, die **Köpfe**, die **Bälle**, die **Fäuste**, die **Düfte**

② die **Blätter**, die **Ränder**, die **Völker**, die **Münder**, die **Hölzer**, die **Gläser**, die **Dörfer**

③ die **Öfen**, die **Böden**, die **Großmütter**, die **Väter**, die **Brüder**, die **Mäntel**

Lösungen – Baustein II / Deklinieren

AB 5 Den richtigen Plural finden — S. 52

① der Mensch
die Menschen

② der Garten
die Gärten

③ die Ampel
die Ampeln

④ die Biene
die Bienen

⑤ das Mädchen
die Mädchen

⑥ die Zeitung
die Zeitungen

⑦ die Maus
die Mäuse

⑧ das Zeugnis
die Zeugnisse

⑨ das Rind
die Rinder

⑩ die Lampe
die Lampen

⑪ das Gebäude
die Gebäude

⑫ die Studentin
die Studentinnen

AB 6 Artikel mit Nomen — S. 53

a) ① **Der Hund** ist niedlich.
② Die Augen **des Hundes** blicken so treu.
③ Deshalb habe ich **dem Hund** ein Zuhause gegeben und **den Hund** aus dem Tierheim mitgenommen.
④ **Die Hunde** dort suchten alle Kontakt und die Schwänze **der Hunde** wedelten freudig.
⑤ Am liebsten hätte ich **den Hunden** alle Aufmerksamkeit geschenkt und **die Hunde** alle nacheinander gestreichelt.

b) ① **Ein Hund** ist ein treuer Begleiter, aber das Gebell **eines Hundes** kann manchmal störend sein.
② Trotzdem würde ich gerne **einem Hund** ein Zuhause geben und **einen Hund** in mein Haus aufnehmen.

AB 7 Artikel mit Nomen — S. 54

a) ① **Die Katze** liegt schon lange im Garten.
② Das Fell **der Katze** glänzt in der Sonne.
③ Ich werde **der Katze** bald Futter geben.
④ Doch vorher werde ich **die Katze** streicheln.
⑤ Denn **die Katzen**, die zu uns kommen, wollen immer gestreichelt werden.
⑥ Und ich liebe das Schnurren **der Katzen** sehr.
⑦ Außerdem gebe ich **den Katzen** gerne einen Leckerbissen.
⑧ Denn ich habe **die Katzen** gern auf dem Grundstück.

b) ① **Eine Katze** ist ein wunderbares Haustier.
② Das Leben **einer Katze** kann 15 Jahre dauern.
③ Ich schenke gern **einer Katze** mein Herz und hole mir **eine Katze** aus dem Tierheim.

Lösungen – Baustein II / Deklinieren

AB 8 Artikel mit Nomen S. 55

a) ① **Das Haus** ist alt.
   ② Die Fassade **des Hauses** ist grau.
   ③ Man müsste **dem Haus** einen neuen Anstrich geben und **das Haus** in neuem Glanz erstrahlen lassen.
   ④ **Die Häuser** nebenan sind genauso grau.
   ⑤ Der Putz bröckelt von den Fassaden **der Häuser**.
   ⑥ **Den Häusern** müsste mehr Aufmerksamkeit geschenkt werden und jemand müsste sich um **die Häuser** kümmern.

b) ① **Ein Haus** verschlingt viel Geld, denn die Unterhaltung **eines Hauses** ist nicht gerade billig.
   ② Trotzdem sollte man **einem Haus** gegenüber einer Wohnung den Vorzug geben, da man **ein Haus** jederzeit auch wieder verkaufen kann.

AB 9 Artikel mit Nomen S. 56

1. a) Die Frau schaut **dem** Mann in die Augen.
   b) Die Haare **des** Kindes sind braun.
   c) Die Augen **der** Frau sind verweint.
   d) Sie gibt **dem** Mädchen Geld.
   e) Ich muss noch **die** beiden Koffer einladen.
   f) Ihm ist der Knopf von **der** Hose abgegangen.
   g) Sie packt **den** Hut ein.
   h) Die Gesichter **der** Zuschauer blicken erwartungsvoll zur Bühne.
   i) Sie sucht **die** Bücher.
   j) Die Klingel **des** Fahrrades ist kaputt. k) Er traut **der** Sache nicht.

2. a) Sie erblickt **ein** Eichhörnchen.
   b) **Einem** Fremden zu glauben, ist nicht einfach.
   c) Sie wurde Zeugin **eines** Unfalls.
   d) Die Frau schenkt ihm **ein** Buch.
   e) Die Kinder stellten ihm **eine** Falle.
   f) Er wurde Opfer **einer** Verwechslung.

Lösungen – Baustein II / Deklinieren

AB 10 Artikel, Adjektiv und Nomen   S. 57

Singular

	männlich	weiblich	sächlich
Nominativ	der alt**e** Mann	die klug**e** Frau	das klein**e** Kind
Genitiv	des alt**en** Mannes	der klug**en** Frau	des klein**en** Kindes
Dativ	dem alt**en** Mann	der klug**en** Frau	dem klein**en** Kind
Akkusativ	den alt**en** Mann	die klug**e** Frau	das klein**e** Kind

Plural

	männlich	weiblich	sächlich
Nominativ	die alt**en** Männer	die klug**en** Frauen	die klein**en** Kinder
Genitiv	der alt**en** Männer	der klug**en** Frauen	der klein**en** Kinder
Dativ	den alt**en** Männern	den klug**en** Frauen	den klein**en** Kindern
Akkusativ	die alt**en** Männer	die klug**en** Frauen	die klein**en** Kinder

AB 11 Artikel, Adjektiv und Nomen   S. 58

a) Die **alte** Frau hat graue Haare.
b) In den **großen** Ferien verreisen wir in den **sonnigen** Süden.
c) Der Arzt verschrieb der **kranken** Frau Tabletten.
d) Die **blauen** Weintrauben waren ausverkauft.
e) Die **getigerte** Katze jagte dem **kleinen** Kind einen Schrecken ein.
f) Er spülte das **dreckige** Geschirr mit Wasser.
g) Die Schuhe der **vornehmen** Frau sahen teuer aus.
h) Gestern habe ich die **behinderte** Frau im Rollstuhl gesehen.
i) Der Schaden nach dem **heftigen** Unwetter war nicht gering.
j) Die Balken des **hölzernen** Stegs waren morsch.
k) Die **neugierige** Nachbarin verfolgte das Geschehen von ihrem Fenster genau.
l) Die Hände des **wütenden** Mannes ballten sich zu Fäusten.

Lösungen – Baustein II / Deklinieren

AB 12 Artikel, Adjektiv und Nomen — S. 59

a) Ein **schlanker Mann** geht die Straße entlang.
Das Aussehen eines **schlanken Mannes** zieht die Blicke der Frauen an.
Frauen verfallen gern einem **schlanken Mann**.
Am liebsten heiraten die Frauen alle einen **schlanken Mann**.

b) Eine **kleine Maus** ist ein tolles Haustier.
Die Ansprüche einer **kleinen Maus** sind in der Regel gering.
Normalerweise reicht es einer **kleinen Maus**, wenn sie etwas Liebe bekommt.
Meistens befriedigt etwas Futter eine **kleine Maus** schnell.

c) Ein **kluges Kind** bringt den Eltern Ansehen,
denn die Intelligenz eines **klugen Kindes** ist hoch.
Niemand aus der Verwandtschaft kann es einem **klugen Kind** gleichtun,
aber jeder möchte ein **kluges Kind** haben.

AB 13 Artikel, Adjektiv und Nomen — S. 60

① Eine jung**e** Frau und ein klein**es** Kind laufen eine lang**e** Straße entlang. ② Die Frau trägt einen gefüll**ten** Korb. ③ Sie müht sich sichtlich ab mit dem prall gefüll**ten** Korb. ④ Das klein**e** Kind neben ihr quengelt. ⑤ Als die beiden an einem prächtig**en** Haus mit einem groß**en** Fenster vorbeikommen, reißt sich das unzufrieden**e** Kind plötzlich von der Hand der fürsorglich**en** Mutter los und versucht, in Richtung der viel befahren**en** Straße zu rennen. ⑥ Die schwer bepack**te** Mutter kann das unbedacht**e** Kind gerade noch zurückhalten. ⑦ Doch dabei fällt ihr der prall gefüll**te** Korb herunter und der Inhalt, die vorher eingekauf**ten** Lebensmittel, purzelt auf den schmutzig**en** Bürgersteig. ⑧ Die neugierig**e** Frau, die hinter dem groß**en** Fenster steht, kann den Blick nicht von der interessant**en** Szene draußen lassen. ⑨ Der Gedanke, der arm**en** Frau draußen zu helfen, kommt ihr nicht. ⑩ Stattdessen schaut sie seelenruhig zu, wie die bedauernswer**te** Frau, die das klein**e** Kind mit einer Hand festhält, mit der anderen Hand die Lebensmittel von dem dreckig**en** Bürgersteig wieder einsammelt, während auf der Straße die teur**en** Autos vorbeibrausen. ⑪ Warum sollte die Frau da drinnen auch Mitleid mit der jung**en** Frau da draußen haben? ⑫ Auf einmal fällt ihr die Tasse mit dem heiß**en** Tee um. ⑬ Ein heftig**er** Schmerz durchzuckt ihren alt**en** Körper und sie stürzt auf den sauber**en** Teppich. „Warum hilft mir keiner?", denkt sie.

Lösungen – Baustein II / Deklinieren

AB 14 Nomen und Possessivpronomen — S. 61

	Singular männlich	Plural männlich
Nominativ	**mein** Hund	**meine** Hunde
Genitiv	**meines** Hundes	**meiner** Hunde
Dativ	**meinem** Hund	**meinen** Hunden
Akkusativ	**meinen** Hund	**meine** Hunde

	Singular weiblich	Singular sächlich
Nominativ	**meine** Katze	**mein** Kind
Genitiv	**meiner** Katze	**meines** Kindes
Dativ	**meiner** Katze	**meinem** Kind
Akkusativ	**meine** Katze	**mein** Kind

AB 15 Nomen und Possessivpronomen — S. 62

a) **Meine** Katzen sind niedlich.
b) Der Flur **unserer** Wohnung ist dunkel.
c) Das Fell **ihres** Hundes ist schwarz.
d) Ich habe **meiner** Mutter ein Buch zu Weihnachten geschenkt.
e) Der Reifen **seines** Fahrrades ist kaputt.
f) Ich weiß **eure** Adresse nicht.
g) Der Mann **deiner** Schwester ist ganz schön nervig.
h) Wir haben **unsere** Autos vor dem Rathaus geparkt.
i) Die Träger **meines** Rucksacks sind rot.
j) **Deine** Ohrringe sind schön.
k) Die Schnürsenkel **meiner** Schuhe halten schlecht.
l) Sie suchen **ihre** Jacken.
m) Wir schenken **unserer** Tante einen Kasten Pralinen.
n) Sie mögen **seinen** Vater nicht.

Lösungen - Baustein II / Deklinieren

AB 16 Possessivpronomen, Adjektiv und Nomen — S. 63

	Singular männlich	Plural männlich
Nominativ	mein **kluger** Kater	meine **klugen** Kater
Genitiv	meines **klugen** Katers	meiner **klugen** Kater
Dativ	meinem **klugen** Kater	meinen **klugen** Katern
Akkusativ	meinen **klugen** Kater	meine **klugen** Kater

	Singular weiblich	Singular sächlich
Nominativ	meine **kluge** Katze	mein **kluges** Tier
Genitiv	meiner **klugen** Katze	meines **klugen** Tieres
Dativ	meiner **klugen** Katze	meinem **klugen** Tier
Akkusativ	meine **kluge** Katze	mein **kluges** Tier

AB 17 Possessivpronomen, Adjektiv und Nomen — S. 64

a) Sie bringt ihre **kaputte** Tasche zur Reparatur.
b) Morgen besuchen wir meinen **jüngeren** Bruder.
c) Die Zeiger deiner **runden** Wohnzimmeruhr sind stehen geblieben.
d) Euer **neues** Haus ist schön.
e) Wir freuen uns auf unseren **verdienten** Feierabend.
f) Da ich mir ein neues Fahrrad gekauft habe, habe ich mein **altes** Fahrrad verkauft.
g) Ich möchte mich bei euch für eure **ungeteilte** Aufmerksamkeit bedanken.
h) Das Geschrei deiner **lauten** Kinder stört mich.
i) Vielen Dank für dein **schnelles** Kommen.
j) Seinem **verunglückten** Kameraden war leider nicht zu helfen.

Lösungen – Baustein II / Deklinieren

AB 18 Nomen und Demonstrativpronomen — S. 65

a) **Dieser** Mann kommt aus Berlin.
b) Die Hände **dieses** Mannes sind abgearbeitet.
c) Die Sonne scheint **diesem** Mann zugesetzt zu haben, denn ihm laufen Schweißperlen über die Stirn.
d) Sein Arbeitgeber muss **diesen** Mann zu schwerer Arbeit verdonnert haben.
e) Auch **diese** Männer haben schwer geschuftet.
f) Die Kleider **dieser** Männer sind schweißdurchtränkt.
g) Die zwei Bäume hier haben **diesen** Männern offenbar keinen Schutz vor der Sonne geboten.
h) Die Sonne hat **diese** beiden Männer wahrscheinlich den ganzen Tag ohne Unterlass bestrahlt.
i) **Diese** Frau hat genauso gearbeitet wie die Männer, denn das Kleid **dieser** Frau sieht ebenfalls nicht mehr frisch aus.
j) Der heiße Tag hat **dieser** Frau auch zugesetzt, doch die Männer freuen sich trotzdem darüber, **diese** Frau zu sehen, die die von ihnen neu geteerte Straße begutachtet.
k) **Dieses** Kind ist ebenfalls zur Baustelle gekommen.
l) Die Augen **dieses** Kindes gucken neugierig.
m) Wie die Männer das alles gemacht haben, ist **diesem** Kind nicht klar.
n) Für **dieses** Kind stellt sich vor allem die Frage, warum die Männer bei solcher Hitze arbeiten.

AB 19 Nomen und Demonstrativpronomen — S. 66

a) **Diesen** Roller gibt es nur hier zu kaufen.
b) Wie konntest du nur **diesen** Personen deinen Schlüssel anvertrauen?
c) **Dieses** Fest soll in der Gartenlaube stattfinden.
d) Die Mutter **dieser** Kinder ist Apothekerin.
e) Zu **dieser** Veranstaltung soll auch der Bürgermeister kommen.
f) Kannst du **dieses** Buch morgen mitbringen?
g) Das Verhalten **dieser** Jungen ist katastrophal.
h) **Diese** Steckdose ist kaputt.
i) **Diesen** Kindern fehlt es an Zuneigung.
j) Die Augen **dieses** Hundes gucken treu.
k) **Diese** Kekse musst du unbedingt probieren.
l) Die Spitzen **dieser** Bleistifte sind abgebrochen.
m) **Diese** Jungen dürfen hier Fußball spielen.
n) Das Fell **dieses** Hundes ist ganz weich.

Lösungen - Baustein II / Deklinieren

AB 20 Demonstrativpronomen, Adjektiv und Nomen — S. 67

	Singular männlich	Plural männlich
Nominativ	dieser junge Mann	diese jungen Männer
Genitiv	dieses jungen Mannes	dieser jungen Männer
Dativ	diesem jungen Mann	diesen jungen Männern
Akkusativ	diesen jungen Mann	diese jungen Männer

	Singular weiblich	Singular sächlich
Nominativ	diese junge Frau	dieses junge Tier
Genitiv	dieser jungen Frau	dieses jungen Tieres
Dativ	dieser jungen Frau	diesem jungen Tier
Akkusativ	diese junge Frau	dieses junge Tier

AB 21 Demonstrativpronomen, Adjektiv und Nomen — S. 68

a) Er schmiss diesen **frechen** Schüler hinaus.
b) Sie gab diesem **hungrigen** Hund Futter.
c) Die Hausmeisterin hat dieses **kaputte** Fahrrad zum Sperrmüll gestellt.
d) Felix fand die Lösung dieses **leichten** Rätsels schnell.
e) Dieser **selbstgebackene** Kuchen schmeckte allen gut.
f) Er hatte Angst vor diesen **unheimlichen** Geräuschen.
g) Ich habe dieses **nasse** Handtuch schon zum Trocknen aufgehängt.
h) Tom ist genervt von dieser **lauten** Musik.
i) Der Lärm dieser **betrunkenen** Männer ist unmöglich.
j) Frau Huber war schnell überzeugt von diesem **preiswerten** Angebot.

Lösungen – Baustein II / Unregelmäßige Verben konjugieren

AB 1 Das Präsens unregelmäßiger Verben — S. 69

a) Papa **bäckt** Rührkuchen.
b) Unser Hund **säuft** Milch und **vergräbt** dann seinen Knochen.
c) Der Wind **bläst** um die Ecken, sodass ein Apfel vom Baum herunter**fällt**.
d) Nils **hält** vor der Ampel an.
e) Wenn unsere Katze nicht **schläft, fängt** sie Mäuse.
f) Der Baum **wächst** schnell.
g) Herr Meier **fährt** nach Hause und **trägt** den Einkauf ins Haus.
h) Er **lässt** mich nicht helfen und **wäscht** das Geschirr alleine.
i) Martin **brät** ein Hähnchen und **lädt** uns ein.

AB 2 Das Präsens unregelmäßiger Verben — S. 70

a) Er **nimmt** sich eine Tomate und **isst** sie.
b) Nach dem Insektenstich **schwillt** die Hand stark an.
c) Dieses Vorgehen **birgt** Risiken.
d) Er **spricht** und **trifft** sich nicht mehr mit mir.
e) Das Meerschweinchen **frisst** sein Futter.
f) Frühes Aufstehen **verdirbt** ihr die Laune.
g) Sie **bricht** das Brot entzwei.
h) Julia **flicht** Armbänder und **vergisst** dabei ihre Hausaufgaben zu machen.
i) Er **wirbt** zuerst für das Produkt und **wirft** es dann aus dem Fenster.
j) Dieses Thermometer **misst** die Außentemperatur.
k) Sie **ficht** zuerst einen heftigen Kampf aus und **stirbt** dann langsam.

AB 3 Das Präsens unregelmäßiger Verben — S. 71

a) Nicole **mag** keine Schlagsahne.
b) Es **geschieht** ganz plötzlich.
c) Robert **weiß** alles.
d) Sie **stößt** ihn in den Abgrund.
e) Der Arzt **empfiehlt** Bettruhe.
f) Sina **will** nach Berlin fahren.
g) Die Mutter **gebiert** das Kind.
h) Er **kann** nicht anders und **stiehlt** das Geld.
i) Sie **sieht** den Wald vor Bäumen nicht.
j) Johannes **ist** wütend und **befiehlt** seinen Kindern leise zu sein.
k) Das Feuer **erlischt** schnell.
l) Er **liest** gern Bücher.

Lösungen – Baustein 11 / Unregelmäßige Verben konjugieren

AB 4 Das Präsens unregelmäßiger Verben — S. 72

① Während seine Frau **schläft**, **steht** Herr Arnold leise auf und **verlässt** das Haus. ② Schnellen Schrittes **läuft** er bis zum Marktplatz und **trifft** dort eine Frau, die schon auf ihn **wartet**. ③ Die Rathausuhr **schlägt** gerade Mitternacht. ④ Diese Frau spricht ihn an und **lädt** ihn in eine Kneipe ein. ⑤ Herr Arnold **kann** ihrer Aufforderung nicht widerstehen und **folgt** der Frau bereitwillig, obwohl ihm sein Verstand anderes **rät**. ⑥ Doch Herr Arnold **vergisst** alles andere und sein Begehren nach der schönen Frau **wächst**. ⑦ Im Grunde **weiß** er, dass er seine Frau **betrügt**, doch er **will** dies nicht wahrhaben. ⑧ Stattdessen **wirbt** er um die schöne Frau und **verbringt** einen netten späten Abend mit ihr, bevor er wieder nach Hause **aufbricht**. ⑨ Beim Herausgehen aus der Kneipe **stößt** er sich noch ordentlich am Kopf, sodass seine Stirn **anschwillt**. ⑩ Doch weiter **geschieht** nichts Besonderes mehr und er **vergräbt** sich unentdeckt unter seiner Bettdecke, ohne dass seine Frau etwas **bemerkt**.

AB 5 Das Präteritum unregelmäßiger Verben — S. 73

a) Er **sah** sie und **rannte** los.
b) Sie **biss** in ihr Brot und **bot** ihm auch eines an.
c) Udo **lag** auf dem Sofa und **aß** Joghurt.
d) Opa **wusste** von nichts und **verlor** die Geduld.
e) Er **fuhr** los und **vergaß** die Geldbörse.
f) Sie **lief** zu ihrer Tante und **blieb** dort.
g) Es **fiel** Schnee und Marvin **fror**.
h) Die Katze **schlief** und **ließ** die Mäuse in Frieden.
i) Er **schwieg** und **ging** weg.
j) Marina **half** ihrer Mutter und **fand** deren Schlüssel sofort.

AB 6 Das Präteritum unregelmäßiger Verben — S. 74

a) Sie **nahm** den Brief und **las** ihn.
b) Er **gewann** bei der Verlosung und **sprang** vor Freude in die Luft.
c) Das Kind **floh** und **begann** zu weinen.
d) Julia **traf** Holger und **lud** ihn zu sich ein.
e) Er **sah** sie kommen und **musste** lachen.
f) Lina **hielt** die Zügel fester und **ritt** weiter.
g) Der Junge **konnte** nicht anders und **log** seinen Vater an.
h) Sie **schrieb** auf, was ihre Mutter ihr **riet**.
i) Seine Tante **bat** ihn mitzukommen und **zog** ihre Jacke an.
j) Er **schoss** den Ball und dieser **flog** direkt ins Tor.

Lösungen – Baustein II / Unregelmäßige Verben konjugieren

AB 7 Das Präteritum unregelmäßiger Verben   S. 75

Infinitiv	Präteritum	Infinitiv	Präteritum	Infinitiv	Präteritum
laden	▷ er **lud**	waschen	▷ sie **wusch**	genießen	▷ es **genoss**
sein	▷ er **war**	geben	▷ sie **gab**	steigen	▷ es **stieg**
haben	▷ er **hatte**	singen	▷ sie **sang**	fließen	▷ es **floss**
schlagen	▷ er **schlug**	rufen	▷ sie **rief**	fangen	▷ es **fing**
schleichen	▷ er **schlich**	bringen	▷ sie **brachte**	pfeifen	▷ es **pfiff**
kriechen	▷ er **kroch**	gebären	▷ sie **gebar**	biegen	▷ es **bog**
sitzen	▷ er **saß**	erschrecken	▷ sie **erschrak**	reißen	▷ es **riss**
wachsen	▷ er **wuchs**	leihen	▷ sie **lieh**	stehlen	▷ es **stahl**
dürfen	▷ er **durfte**	trinken	▷ sie **trank**	denken	▷ es **dachte**
heißen	▷ er **hieß**	treten	▷ sie **trat**	stehen	▷ es **stand**

AB 8 Das Präteritum unregelmäßiger Verben   S. 76

wiegen ▷ er/sie/es **wog**; greifen ▷ er/sie/es **griff**; gießen ▷ er/sie/es **goss**;
scheinen ▷ er/sie/es **schien**; braten ▷ er/sie/es **briet**; kommen ▷ er/sie/es **kam**;
riechen ▷ er/sie/es **roch**; blasen ▷ er/sie/es **blies**; brennen ▷ er/sie/es **brannte**;
befehlen ▷ er/sie/es **befahl**; treiben ▷ er/sie/es **trieb**; brechen ▷ er/sie/es **brach**;
schieben ▷ er/sie/es **schob**; schneiden ▷ er/sie/es **schnitt**; messen ▷ er/sie/es **maß**;
meiden ▷ er/sie/es **mied**; sinken ▷ er/sie/es **sank**; leiden ▷ er/sie/es **litt**;
werfen ▷ er/sie/es **warf**; zwingen ▷ er/sie/es **zwang**; sterben ▷ er/sie/es **starb**;
schwimmen ▷ er/sie/es **schwamm**; stoßen ▷ er/sie/es **stieß**; hängen ▷ er/sie/es **hing**;
erlöschen ▷ er/sie/es **erlosch**; graben ▷ er/sie/es **grub**; empfehlen ▷ er/sie/es **empfahl**;
binden ▷ er/sie/es **band**; bergen ▷ er/sie/es **barg**; stinken ▷ er/sie/es **stank**;
schmeißen ▷ er/sie/es **schmiss**; streichen ▷ er/sie/es **strich**; klingen ▷ er/sie/es **klang**;
stechen ▷ er/sie/es **stach**; fressen ▷ er/sie/es **fraß**; verderben ▷ er/sie/es **verdarb**;
streiten ▷ er/sie/es **stritt**

Lösungen – Baustein II / Unregelmäßige Verben konjugieren

AB 9   Das Präteritum unregelmäßiger Verben   S. 78

① Neulich **schien** schon seit morgens die Sonne, als Herr Buske fast den ganzen Tag in seinem Schrebergarten **verbrachte** und das schöne Wetter **genoss**. ② Die Blumen **standen** in voller Pracht, am Apfelbaum **hingen** Äpfel, die Tomatenpflanzen **wuchsen** durch die Sonnenbestrahlung in die Höhe und Vögel **flogen** über den Garten hinweg. ③ Währenddessen **grub** Herr Buske das Mistbeet um. ④ Dabei **pfiff** er fröhliche Melodien. ⑤ Plötzlich **erschrak** er durch ein lautes Geräusch. ⑥ Sein Spaten **fiel** ihm vor Schreck aus der Hand. ⑦ „Was ist dort im Schuppen nur los?", **dachte** er. ⑧ Sofort ließ er den Spaten liegen und **rannte** Richtung Schuppen. ⑨ Als er den Schuppen **betrat, kam** ihm etwas Schwarzes entgegen, **schoss** an seinen Beinen vorbei und **floh** aus dem Schuppen. ⑩ Herr Buskes mitgebrachtes Pausenbrot **lag** auf der Erde und er **konnte** die Wurst darauf nicht mehr erblicken. ⑪ So **blieb** Herrn Buske nichts anderes übrig, als auf sein geplantes Mittagsmahl zu verzichten, während der Wurstdieb, eine schwarze Katze, sich heimlich aus dem Garten **schlich**.

AB 10   Das Perfekt unregelmäßiger Verben   S. 79

① „Wir _sind_ im Stadtwald **gewesen** und _sind_ dort zunächst den Hauptweg entlang**gegangen**. ② Die Jungen _sind_ bald vorneweg **gerannt** und _haben_ kleine Äste auf den Weg **geworfen**, damit wir **gewusst** _haben_, welchen Weg die Jungen **genommen** _haben_. ③ Auf einmal _haben_ sie laut **geschrien** und wir _haben_ uns sofort an Herrn Müller **gewandt**. ④ Dieser _hat_ uns **gebeten**, ganz schnell hinterherzukommen. ⑤ Du glaubst es kaum, Jonas und Felix _haben_ sich so **gestritten**, weil Jonas Felix' Apfelsaft **getrunken** _hat_ und Felix Jonas daraufhin seinen einen Träger vom Rucksack **abgerissen** _hat_. ⑥ So etwas Lächerliches! Zum Glück _hat_ Herr Müller **eingegriffen** und den Streithähnen **geholfen**, sich wieder zu versöhnen, sowie ein ernstes Wort mit ihnen **gesprochen**."

AB 11   Das Plusquamperfekt unregelmäßiger Verben   S. 80

a) Er _hatte_ uns **befohlen,** hier drinzubleiben.
b) Sandra _hatte_ sich den Fuß **gebrochen**.
c) Heike _hatte_ es mir aber **angeboten**.
d) Er _hatte_ nicht daran **gedacht**.
e) Sie _hatte_ einen Jungen **geboren**.
f) Martin _hatte_ einen schweren Kampf **ausgefochten**.
g) Tante Berta _hatte_ ihre Brosche **verloren**.
h) Die Eier _waren_ **verdorben**, deshalb habe ich sie weggeworfen.
i) Lars _hatte_ Tatjana neulich **getroffen**.
j) Sie _hatte_ die Äpfel im Geschäft nicht **gewogen**.
k) Mutter _hatte_ sie dazu **gezwungen**.
l) Sie _waren_ erst kürzlich in die Stadt **gezogen**.

Lösungen – Baustein II / Unregelmäßige Verben konjugieren

AB 12 Das Plusquamperfekt unregelmäßiger Verben — S. 81

a) Er *hatte* es trotz langen Suchens nicht **gefunden**.
b) Sie *hatte* das Gartentor erst letztes Jahr **gestrichen**.
c) Jonas *war* auf den Baum **gestiegen** und dann wieder herunter**gesprungen**.
d) Er *hatte* mehrere Stifte **gestohlen** und die Tat hinterher **gestanden**.
e) Hannes *hatte* ihr in einem Brief **geschrieben**, dass Oma **gestorben** war.
f) Elke *hatte* die Eier **weggeschmissen**, da sie so **gestunken** *hatten*.
g) Das Schwimmbad *hatte* lange **geschlossen**.
h) Mein Knie *war* nach dem Sturz sehr **angeschwollen**.
i) Sie *hatte* deine Adresse nicht **gewusst**, deshalb konnte sie dir nicht schreiben.
j) Gestern *war* draußen der Boden **gefroren**.
k) Sie *waren* vor dem zähnefletschenden Hund **geflohen**, trotzdem *hatte* er sie **gebissen**.
l) Sie *hatten* das Fußballspiel **gewonnen**, obwohl ein Unwetter **begonnen** *hatte*.

AB 13 Das Plusquamperfekt unregelmäßiger Verben — S. 82

a) Martin und Judith *waren* bei Oma **geblieben**.
b) Die Retter *hatten* den Verletzten schnell **geborgen**.
c) Sie *hatte* vorne **gesessen** und laut **mitgesungen**.
d) Sie *hatte* **geschwiegen** und *war* heimlich **davongeschlichen**.
e) Opa *hatte* mir ein Paket **gesandt**.
f) Sie *waren* **abgebogen** und *hatten* ihn nach Hause **gebracht**.
g) Er *hatte* mir das Buch **geliehen**, das dort **gelegen** *hatte*.
h) Sie *hatte* nicht anders **gekonnt** und **gelogen**.
i) Selina *hatte* die Blumen bereits **gegossen**.
j) Sie *hatte* ihn vorher nicht **gekannt**.
k) Sie *waren* mit ihm **geflogen** und *hatten* die Aussicht **genossen**.
l) Das Schiff *war* **gesunken**.

AB 14 Das Plusquamperfekt unregelmäßiger Verben — S. 83

a) Sie *hatte* vor ihrem Tod sehr **gelitten**.
b) Sie *waren* im Guten voneinander **geschieden**.
c) Die Sonne *hatte* **geschienen** und Julia *war* auf ihrem Pony **geritten**.
d) Er *hatte* sich in den Finger **geschnitten**.
e) Sie *hatten* **geschworen**, nichts zu sagen.
f) Mutter *hatte* mich sehr **gemocht** und „mein Hase" **genannt**.
g) Der Hund *war* vor Angst unter den Tisch **gekrochen**.
h) Er *hatte* auf den Mann **geschossen**, deswegen *war* der Polizist **eingeschritten**.
i) Es *hatte* **gebrannt** und schrecklich **gerochen**.
j) Sie *waren* von der Autobahn **abgebogen** und *hatten* auf der Auffahrt im Stau **festgehangen**.
k) Wegen der toten Katze *waren* viele Tränen **geflossen**.
l) Sie *hatte* dieses Backrezept **empfohlen** und es *war* **gelungen**.

Lösungen – Baustein II / Unregelmäßige Verben konjugieren

AB 15 Das Plusquamperfekt unregelmäßiger Verben — S. 84

a) Nachdem er **geschieden** *war,* heiratete er erneut.
b) Bevor sich beide **gestritten** *hatten,* waren sie beste Freunde.
c) Nachdem sie **gerannt** *war,* war sie völlig außer Atem.
d) Ehe sie den Jungen zu Bett **gebracht** *hatte,* klingelte das Telefon.
e) Bevor sie das Wohnzimmer tapezierten, *hatte* dort ein Kalender **gehangen.**
f) Zuvor *hatte* die Sonne **geschienen,** ehe der Regen einsetzte.
g) Nachdem das Haus **gebrannt** *hatte,* wurde es saniert.
h) Er *hatte* bereits halb **gewonnen,** bevor das Spiel überhaupt anfing.
i) Bevor er von der Polizei verhaftet wurde, *hatte* er noch schnell zwei Jeanshosen **gestohlen.**
j) Der Verletzte *war* leider **gestorben,** bevor der Arzt kam.
k) Er *hatte* im Garten **gesessen,** bevor er ins Haus ging.
l) Nachdem sie ihm eine E-Mail **gesandt** *hatte,* rief Klara ihn noch an.

Lösungen – Baustein II / Abschlusstest

1. **die** Schultasche, **das** Obst, **die** Verkehrsampel, **der** Laden, **der** Abfalleimer, **die** Schulbushaltestelle, **der** Birnbaum, **die** Arztpraxis, **das** Springseil, **das** Flussufer, **der** Pappkarton, **das** Rührgerät

   12 Punkte

2. ① die **Meinungen** ② die **Kinder**
   ③ die **Speisen** ④ die **Vögel**
   ⑤ die **Autos** ⑥ die **Berge**
   ⑦ die **Nüsse** ⑧ die **Knoten**
   ⑨ die **Automaten** ⑩ die **Mauern**
   ⑪ die **Hindernisse** ⑫ die **Väter**

   12 Punkte

3. ① Die Haare **der Frau** sind lockig. ② Ich habe **den Bleistift** Jonas gegeben. ③ Sie hat **den Kindern** Schokolade mitgebracht. ④ Der Verschluss **des Koffers** ist kaputt. ⑤ **Das Buch** ist verschwunden. ⑥ Ich habe **das Kind** neulich am Bahnhof gesehen. ⑦ Ich hatte **der Kassiererin** 10 Euro gegeben. ⑧ Die Augen **der Tiere** guckten erwartungsvoll nach Futter.

   8 Punkte

4. ① Die Augen des **kleinen** Kindes waren blau. ② Ich versuchte, den **traurigen** Jungen zu trösten. ③ Heike hat der **alten** Frau von gegenüber ein Buch geschenkt. ④ Der Ärger der **betroffenen** Kunden war groß. ⑤ Die Farbe des **neuen** Fahrrades ist schöner. ⑥ Der **große** Schrank ist schwer. ⑦ Ich habe ihr eine **schöne** Tischdecke mitgebracht. ⑧ Die Erwartungen der **zahlreichen** Zuschauer waren hoch.

   8 Punkte

5. ① Das ist die Jacke **unseres** Kindes. ② Ich habe **meinem** Vater ein Radio geschenkt. ③ Die Backkünste **seiner** Mutter waren nicht zu übertreffen. ④ Ich kann **euer** Auto nicht finden. ⑤ Die Haare **meiner** Kinder sind braun. ⑥ Ich rufe gleich **meinen** Vater an. ⑦ Die Freundin **ihres** Sohnes ist Anwältin. ⑧ Ich werde die Futternäpfe **meiner** Hasen säubern.

   8 Punkte

6. ① Das Gemecker seiner **unzufriedenen** Kinder verstummte endlich. ② Auf einmal sah ich mein **kleines** Kaninchen. ③ Ich habe meine **kaputte** Tasche in den Müll geworfen. ④ Sein **schöner** Gesang beeindruckte die Leute. ⑤ Hanna hat deine **alten** Rollschuhe auf dem Flohmarkt verkauft. ⑥ Er kaufte seinem **hungrigen** Sohn einen Döner. ⑦ Der Körper seines **erschrockenen** Hundes zitterte. ⑧ Ich werde dir unser **neues** Haus zeigen.

   8 Punkte

7. ① Das Haus **dieser** Leute ist groß. ② Sie hat **dieser** Frau den Eimer gegeben. ③ Du darfst **diesen** Leuten nicht alles glauben. ④ Er hat **diese** Früchte noch nie probiert. ⑤ Sie hat den Brief **diesem** Mann ausgehändigt. ⑥ Die Kleidung **dieser** Dame sieht vornehm aus. ⑦ Er hat **diesem** Mädchen Geld geschenkt. ⑧ Sie hatte **dieses** Gebäude noch nie betreten.

   8 Punkte

Lösungen – Baustein II / Abschlusstest

8. ① Er spülte dieses **schmutzige** Geschirr sofort ab. ② Sie verkaufte dieser **eleganten** Dame einen Ring. ③ Er lockte dieses **verängstigte** Tier unter dem Schrank hervor. ④ Opa hat ihm diesen **langen** Brief geschrieben. ⑤ Mama hat diesem **netten** Mann 10 Euro gegeben. ⑥ Der Mantel dieses **obdachlosen** Mannes wies Löcher auf. ⑦ Er beobachtete diese **niedliche** Amsel bereits eine Weile. ⑧ Sie zeigte diesem **verzweifelten** Kind den Weg.

8 Punkte

9. ① er/sie/es **läuft** ② er/sie/es **weiß**
   ③ er/sie/es **stiehlt** ④ er/sie/es **bäckt/backt**
   ⑤ er/sie/es **misst** ⑥ er/sie/es **stößt**
   ⑦ er/sie/es **mag** ⑧ er/sie/es **ist**
   ⑨ er/sie/es **schläft** ⑩ er/sie/es **rät**
   ⑪ er/sie/es **gibt** ⑫ er/sie/es **liest**

12 Punkte

10. ① er/sie/es **wusste** ② er/sie/es **wusch**
    ③ er/sie/es **schlief** ④ er/sie/es **war**
    ⑤ er/sie/es **half** ⑥ er/sie/es **lief**
    ⑦ er/sie/es **schoss** ⑧ er/sie/es **grub**
    ⑨ er/sie/es **aß** ⑩ er/sie/es **blieb**
    ⑪ er/sie/es **bat** ⑫ er/sie/es **ließ**

12 Punkte

11. ① er hat **begonnen** ② sie hatte **empfohlen**
    ③ es war **gewesen** ④ er hat **getrunken**
    ⑤ sie hatte **genommen** ⑥ es hatte **gestohlen**
    ⑦ er ist **gerannt** ⑧ er war **gestiegen**
    ⑨ sie hat **gesprochen** ⑩ sie hat **geholfen**
    ⑪ es hatte **geschrien** ⑫ es ist **gesunken**

12 Punkte

Literatur

Bartnitzky, Horst:
Sprachunterricht heute, Sprachdidaktik, Unterrichtsbeispiele, Planungsmodelle. Cornelsen, Berlin 2000

Engin, Havva / Müller-Böhm, Eva / Steinmüller, Ulrich / Terhechte-Mermeroglu, Friederike:
Kinder lernen Deutsch als zweite Sprache: Prinzipien, Sequenzen, Planungsraster, Minimalgrammatik. Cornelsen, Berlin 2004

Günther, Britta / Günther, Herbert:
Erstsprache und Zweitsprache. Einführung aus pädagogischer Sicht. Beltz-Verlag, Weinheim/Basel 2004

Huneke, Hans-Werner / Steinig, Wolfgang:
Deutsch als Fremdsprache. Eine Einführung. Erich-Schmidt-Verlag, Berlin 2005

Kniffka Gabriele / Siebert-Ott, Gesa:
Deutsch als Zweitsprache Lehren und Lernen. Schöningh UTB, Paderborn 2007

Lewandowski, Theodor:
Deutsch als Zweit- und Zielsprache, Handbuch zur Sprachförderung. Wissenschaftlicher Verlag, Trier 1991

Storch, Günther:
Deutsch als Fremdsprache – Eine Didaktik. UTB-Verlag, München 1999

Wicke, Rainer E.:
Vom Text zum Projekt, Kreative Textarbeit und offenes Lernen im Unterricht „Deutsch als Fremdsprache". Cornelsen, Berlin 1997